この星で生きる

谷口純子

生長の家

はじめに

このエッセー集は、生長《せいちょう》の家《いえ》の青年向けの月刊誌《げっかんし》『理想世界』、『日時計《ひどけい》24』に八年間にわたって掲載《けいさい》した文章の中から、二十七編《へん》を選んだものです。その時々《ときどき》に心に浮《う》かんだものを綴《つづ》ってきましたが、お互《たが》いに関連《かんれん》する内容《ないよう》のものを集めて五つの章に分けました。それぞれ内容には重複《ちょうふく》する部分もありますが、考え方の根底《こんてい》には生長の家の教えがあります。

生長の家では、人間は神の子であり、神は善一元《ぜんいちげん》の存在《そんざい》であると説《と》きます。

その意味は、実在《じつざい》の世界には善《ぜん》のみがあり、人間は神によってつくられ、この人生は人間の本質《ほんしつ》である神の善を表現《ひょうげん》する舞台《ぶたい》のようなものであるということです。

舞台俳優《はいゆう》がセリフを覚《おぼ》え、何度《なんど》も練習して演技《えんぎ》の向上《こうじょう》を図《はか》るように、私《わたし》たちも自己《じこ》の本質である善を表現するために、色々《いろいろ》失敗したり、上手《うま》くいかず悩《なや》んだりしながら、内面《ないめん》の善をより完璧《かんぺき》に表現しようとしているのが、この人生だと見るのです。

表現の道具は、私《わたし》たち一人一人の心です。ここで言う「心」とは、自分でわかる心——現在意識《げんざいいしき》だけでなく、心の深い部分——潜在《せんざい》意識を含《ふく》めた広い領域《りょういき》を指《さ》します。その心が、どのような世界観《せかいかん》、人間観《にんげんかん》をもち、どのような考え方をしているかが、その人の人生を方向づけます。

心の創造力《そうぞうりょく》を「コトバの力」とも言いますが、生長《せいちょう》の家《いえ》では人生の明るい面を見る「日時計主義《ひどけいしゅぎ》」の生活を皆《みな》さんにお勧《すす》めしています。私たちの目の前には、良いことだけでなく、悪いこともあります。そしてどちらかといえば、悪いものに心がとらわれがちですが、悪《あく》を思えば思うほど、心の力により人生に悪が増幅《ぞうふく》することになります。これは心の力の逆用《ぎゃくよう》です。人生の明るい面を見る習慣《しゅうかん》ができると、無意識《むいしき》の領域である潜在意識が変化し、心の表現である私たちの人生に、明るい良いことが表現されてくるのです。このようなものの考え方を土台《どだい》にして、この本のエッセーは書かれています。

ご存知《ぞんじ》のように、二十一世紀の初頭《しょとう》を生きる私たちの前には、地球温暖化《おんだんか》による気候《きこう》変動という大きな問題があります。これは、産業革命以来《かくめいいらい》の人類の活動が引き起こしたものです。石炭、石油などの化石燃料《かせきねんりょう》が発見され、科学技《ぎ》術《じゅつ》の目覚《めざ》ましい進歩と相《あい》まって、私《わたし》たちの生活は物質的《ぶっしつてき》に豊《ゆた》かになりました。特に第二次大戦後《たいせんご》の先進諸国《せんしんしょこく》では、大量生産、大量消費の文化が国民生活のすみずみにまで広がり、便利で簡単《かんたん》という理由で「使《つか》い捨《す》て」が普通《ふつう》になりました。その結果として、大気中《たいきちゅう》の二酸化炭素《にさんかたんそ》の濃度《のうど》が増大《ぞうだい》し、温室効果《こうか》によって地球が温《あたた》まるという動きを止めることができません。地球温暖化《おんだんか》は、海面上昇《かいめんじょうしょう》とともに、気候《きこう》変動を引き起こし、農《のう》・漁業《ぎょぎょう》に多大《ただい》な影響《えいきょう》を及《およ》ぼし、私たちの日常《にちじょう》生活の不安定化《ふあんていか》に繋《つな》がっています。低い土地や島などでは、人々は住むところを追われています。また生物多様性《せいぶつたようせい》が損《そこ》なわれ、自然界の不安定化につながっています。

物質的繁栄《はんえい》が人間の幸福につながると考えてきた私たちは、今再考《さいこう》を求められています。実際《じっさい》、先進諸国において、物質的繁栄はある程度《ていど》果たされましたが、「自分は幸福だ」と思う人の割合《わりあい》は、ここ数十年変わっていません。このことは物質的繁栄が、人間の幸福につながっていないことを証明《しょうめい》しています。

私たちの幸福とは、外から何かを付け加えるのでなく、私たちが生きていることそのことが、自然界の豊《ゆた》かさに代表されるような大きな恩寵《おんちょう》の中にあることを知ることとです。知って感謝《かんしゃ》することとです。私たちは、「地球」という名の惑星《わくせい》に生まれてきたのです。この惑星は、宇宙《うちゅう》広しといっても、どこにも類例《るいれい》を見ないような「生命に溢《あふ》れた星《ほし》」です。だから私たちは、何もできない赤子《あかご》として生まれ落ちたその瞬間《しゅんかん》から、生存《せいぞん》に必要な空気を与《あた》えられ、母乳《ぼにゅう》が与えられ、やがて水や食物《しょくもつ》が、人間社会を通して地球の自然から与えられます。そこには「生かそう、生かそう」という目に見えない〝大きな意思《いし》〟が感じられます。その意思によって「生かされている」のが私たちなのです。けれどもそのことを忘《わす》れ、私《わたし》たち人類がこのまま、自分たちの都合《つごう》を最優先《さいゆうせん》する生き方を変えないと、やがて地球は人間が棲《す》むことが困難《こんなん》な場所になっていくでしょう。

二十世紀の半《なか》ばに生まれた私は、二十一世紀を生きる若《わか》い皆《みな》さんには、人々と手を取り合い、自然の恩恵《おんけい》に感謝《かんしゃ》し、〝自然と共《とも》に伸《の》びる〟生き方を選んでいただきたいと切《せつ》に願います。私の世代の人間は、戦後《せんご》の経済発展《けいざいはってん》を通して、そのつもりがなくても自然破壊《はかい》を進めました。しかし今は、その反省《はんせい》に立って、自然と共に伸びる生き方を考案《こうあん》し、提案《ていあん》し、そして生活の中で実践《じっせん》する道を歩んでいます。地球を資源争奪《しげんそうだつ》の場《ば》ではなく、素晴《すば》らしい楽園《らくえん》にしていきたいのです。皆さんにはこの本から、その願いと生き方を知っていただきたい。そして、願《ねが》わくば私たちの生き方に賛同《さんどう》し、ともに行動する道を選んでいただければと思います。

この本の出版《しゅっぱん》を可能《かのう》にしてくださった生長《せいちょう》の家国際《いえこくさい》本部の広報《こうほう》・クロスメディア部と日本教文社《にっぽんきょうぶんしゃ》の編集《へんしゅう》の方々《かたがた》に、心から感謝申し上げます。

三月初旬《しょじゅん》、木々《きぎ》の赤い芽《め》に春の予兆《よちょう》を感じる八ヶ岳南麓《やつがたけなんろく》にて

谷口《たにぐち》　純子《じゅんこ》

この星で生きる★もくじ

はじめに…1

第1章★生きること

「喜びを選ぶ」生き方…16
人はなぜ生きる…24
ただひとりのあなた…32
生かされている私たち…40
可能性を信じること…48
「ただ与える」こと…57

第2章★大切なこと

笑顔で「おはよう」…66
朝五時に起きる…74
光は流れる…82
知ることの大切さ…90
命の〝土台〟を見つめる…98
多角的な視点をもとう…106

第3章★結婚のこと

伴侶は必ずいる…116
手づくりの結婚…124

二人の作品……131
幸せな結婚生活……139

第4章★新しい文明のこと

太陽を仰ぐ……150
世界を変えるもの……158
若者の〝明るい兆し〟……166
少なく、豊かに暮らす……174
経済発展を超えて……182

第5章★倫理的に暮らすこと

〝三ない生活〟の勧め……192
人生は面白い……200
不便な中の豊かさ……208
いのちを養う……216
倫理的に食べる……224
先生の塩むすび……232

初出一覧……240
参考文献……242

装画・挿画　佐々木香菜子
ブックデザイン　木村奈緒子（ＰＯＲＴ）

この星で生きる

第1章★生きること

「喜びを選ぶ」生き方

「今日《きょう》はどんな一日かな。きっと新しい経験《けいけん》に満ちたワクワクする日！」

——毎日こんな考えで、朝を迎《むか》える人は何人いるだろう？

「平凡《へいぼん》な毎日」という言葉《ことば》があるが、その背後《はいご》には普通《ふつう》「平凡はつまらない」という意味が隠《かく》されている。それに「毎日」が付け加わると、「つまらない繰《く》り返《かえ》しの日々」という意味に近づいていく。

しかし、本当にそうだろうか？　私《わたし》たちが毎日迎える日は、たとえ予定が細かく決まっていても、その中身《なかみ》がどうなるかは、事前《じぜん》には予測《よそく》できない。その未知《みち》の時間に「新奇《しんき》」を期待《きたい》するか「平凡」を期待するかは、私たちの心次第《しだい》である。その選択《せんたく》によって、人生は全《まった》く違《ちが》う方向に向いていくだろう。古くからの知人と会う場合でも、会話を通じて何か新しいことを学んだり、信頼《しんらい》関係がさらに深まるかもしれない。いつもの目的地へ向かう道すがらでも、「平凡」だと決めつけずに心を「新奇」に振《ふ》り向《む》ければ、見過《みす》ごしていた沿道《えんどう》の花を発見し、木に留《と》まる鳥の群《む》れに心が和《なご》むかもしれない。

もちろんその反面、心に暗い影《かげ》を落とす出来事《できごと》や好《この》ましくない事件《じけん》を知り、あるいは実際《じっさい》に体験《たいけん》することもあるだろう。が、それら良《よ》し悪《あ》しを含《ふく》めた〝新しい経験〟は、事前に予測することができない。

私たちの人生には、日々〝新しい経験〟が待《ま》ち受《う》けているのだ。そして、それらの経験《けいけん》は、受け取る人のものの見方や捉《とら》え方《かた》によって、良《よ》し悪《あ》しいずれにも解釈《かいしゃく》できる。自分次第《しだい》で、喜びいっぱいのものにもなるし、悩《なや》みに満ちたものにもなるのである。

「そんなことはない」と反論《はんろん》する人もいるだろう。その人は、喜びと悲しみが入《い》り混《ま》じっているのが人生であり、楽しいことばかり、喜び一杯《いっぱい》の人生なんてありえないと考えている。けれども苦しみや、つらい、悲しい体験《たいけん》というものは永遠《えいえん》に続くわけではない。また、そういう体験は〝悪い〟ばかりではない。私《わたし》たちはそれらを通して、自分のそれまでの生活で不足していた部分や、考え方の偏《かたよ》り、度量《どりょう》の狭《せま》さなどが分かるから、人格的《じんかくてき》に成長する。「もしあの挫折《ざせつ》の経験がなかったら」とか、「あの不幸のおかげで自分を深く見つめ直した結《けっ》果《か》」などと言って、一見《いっけん》〝悪い〟と思われる経験に感謝《かんしゃ》する人の話を、私は何《なん》度《ど》も聞いたことがある。

これらのことから分かるのは、人生における悩《なや》みや苦しみというものは、決して人間を苦しめたり不幸にするためにあるものではなく、どんな経験もその人の成長のための一種《いっしゅ》の〝羅針盤《らしんばん》〟になるということだ。けれども、羅針盤には正しい〝読み方〟があるように、それらの出来事《できごと》の〝捉え方〟を間違《まちが》ってはいけない。自分にとってつらいと思える経験でも、それを全面否定《ひてい》してそこから逃《に》げようとするのではなく、「何を学ぶことができるだろうか？」という視《し》点《てん》で、前向きに見つめ直す態度《たいど》が必要である。そうすると、私たちの人生は、前に向かって進歩するために、毎日毎日がワクワクするような未知《みち》の経験に満ちているということが分かるだろう。

職場《しょくば》や学校が変わった時《とき》、新しい環境《かんきょう》に移《うつ》ったときなど、なんとなく不安を感じるのが人間だ。うまくやって行けるだろうか？　自分に合った場所だろうか？　人間関係はどうだろうか？……そんなことをあれこれ考える。けれども、こんな時《とき》こそ、「きっと素晴《すば》らしい経験《けいけん》が待《ま》ち構《かま》えている」と決めてしまうのがいい。自分の未来《みらい》には楽しいこと、良いこと、素晴らしい経験が待ち受けていると心に決め、そういう日、そういう心構《こころがま》えで世界を見ていると、楽しいことや良いことが本当に自分の前に展開《てんかい》してくる。なぜなら、私《わたし》たちの世界は〝心でつくる〟ものだからだ。

この時大切なのが、自分の未来に対して、予《あらかじ》め決めた〝枠《わく》〟を当てはめすぎないことだ。目標や理想をもつことは大切だが、それが実現《じつげん》する過程《かてい》を、具体的に「こうでなくてはならない」と限定《げんてい》してはいけない。人生には実《じつ》に多様《たよう》な道があるから、一つの目標を達成《たっせい》するにも「これしかない」ということはない。

Aがだめでも、BやCが同じ目的に達する道であることもある。自分の狭《せま》い願《がん》望《ぼう》や窮屈《きゅうくつ》な決めつけを捨《す》てて、素直《すなお》な気持で物事《ものごと》の新たな展開を受け入れるというのも、喜びに満ちた日々を送る秘訣《ひけつ》の一つだ。

私《わたし》自身、二〇一三年の十月には、四十年以上住み慣《な》れた東京を離《はな》れ、山梨《やまなし》県北杜市《けんほくとし》の〝森の中〟に引《ひ》っ越《こ》しをする。山の中で、ちょっとした買い物をするにも車で十分以上走らなければならない。東京と比《くら》べたら、あれもない、これもできない、不便で不自由なことは沢山《たくさん》ある。普通《ふつう》に考えれば、不安の材料は尽《つ》きない。

当初《とうしょ》、私もそんな不安を持っていた。が、今は「きっと予想もしない新しい体験《たいけん》が待《ま》ち受《う》けているだろう」と期待《きたい》に胸《むね》を膨《ふく》らませている。そう心が決まると、不便や不自由があったとしても、それによって私自身の未知《みち》の側面が開発され、生活や仕事《しごと》でも、新鮮《しんせん》な考えや発想が湧《わ》き出《で》てくるに違《ちが》いない、と楽しみな気持になる。

また、人生の選択《せんたく》は「自分の責任《せきにん》」という心構《こころがま》えで私《わたし》はいる。今回の北杜市《ほくとし》への移住《いじゅう》でも、その理由は、生長《せいちょう》の家《いえ》の本部事務所《じむしょ》がそこへ移転《いてん》するからだ。だから、その決定に「仕方《しかた》なく従《したが》う」と考えて生きる選択もできる。しかし、それだと、移転の過程《かてい》で、あるいは移転してから起こるであろう様々《さまざま》な事柄《ことがら》すべてに、「仕方なく従う」という思いが出てくる。それはまるで奴隷《どれい》の生活だ。目の前のあらゆる出来事《できごと》は、「誰《だれ》かのせい」になってしまい、自分で責任をとり、自分で解決《かいけつ》していこうという意欲《いよく》は湧《わ》いてこないだろう。

人生の選択に当たっては、人に勧《すす》められたとか、親の助言《じょげん》があったなどという「外部要因《がいぶよういん》」はあるかもしれない。が、結局《けっきょく》それを受け入れたのは自分である。この真実をしっかり見つめ、前途《ぜんと》に〝新たな経験《けいけん》〟を期待《きたい》して人生を歩むことで、人間は大きく成長するだろう。

人はなぜ生きる

二〇一一年三月十一日に東日本に発生した巨大地震《きょだいじしん》では、多くの人が亡《な》くなり、けが人も多数出た。家を流された人や家族を失った人、家はあるが損傷《そんしょう》が激《はげ》しく、あるいは危険《きけん》な場所にあるため住むことができない人もいる。さらには、今回の地震と津波《つなみ》による原子力《げんしりょく》発電所の事故《じこ》で、避難《ひなん》を余儀《よぎ》なくされた人も数多い。

世界の先進国《せんしんこく》として、豊《ゆた》かで安全だった私《わたし》たちの暮《く》らしは、一瞬《いっしゅん》にして思いもかけない混乱《こんらん》と悲惨《ひさん》な状況《じょうきょう》に陥《おちい》った。ほんの一瞬前まで、元気に楽しく話していた相手が、突然《とつぜん》目の前で帰らぬ人となった経験《けいけん》をした人も多いだろう。私たちの生きる現実《げんじつ》の世界は、常《つね》に移《うつ》り変《か》わり、常住《じょうじゅう》のものは何もないということは、頭ではある程度《ていど》分かっている。けれども実感として、同じ会社や学校へ行き、昨日《きのう》と同じスーパーやデパートで買い物をする——そういう「日常《にちじょう》」は、その言葉《ことば》が示《しめ》す通り、常に変わらない日々であるかのように思える。私たちが、短い時間の枠《わく》で物事《ものごと》を考えるからである。が、今回のように、目の前でその日常が大きく破《やぶ》られると、この世の儚《はかな》さを改《あらた》めて感じずにはいられなかった。そして、「人はなぜ生きるのか」という基本的《きほんてき》な問いが、頭をもたげてくる。

今回の震災《しんさい》では一万六千人近くの人が亡くなったが、そういう人たちは、どこに行ってしまったのか。どんな思いでいるのだろうか。永遠《えいえん》に消えて無くなってしまったのか。

　震災《しんさい》のちょうど一週間前に、私《わたし》の義理《ぎり》の弟が五十を少し越《こ》えた若《わか》さで亡《な》くなった。末期の癌《がん》が見つかり、それでもわずかな希望を見出《みいだ》し、治療《ちりょう》を始めたばかりだった。発見から一カ月に満たない出来事《できごと》で、家族も周《まわ》りの者もあまりにもあっけない別れに呆然《ぼうぜん》とした。

　弟は決して悲観的なことは言わず、不安で一杯《いっぱい》の家族に「大丈夫《だいじょうぶ》、大丈夫」と言い、献身的《けんしんてき》な家族の看護《かんご》に感謝《かんしゃ》の気持を現《あらわ》していたそうだ。突然《とつぜん》夫《おっと》や父を亡くした妹や二人の子供《こども》たちは、寂《さび》しく、空《むな》しく、切《せつ》ない気持を胸《むね》に、それでも生きていかなくてはならない。肉親を亡くした寂しさは、すぐには消えることはない。長い時間をかけて積み重ねてきたものは、それが「なくなった」と認《みと》めることは容易《ようい》でない。だから、私たち周りの者が心の支《ささ》えになり続けることにより、時間が妹たちの心の重荷《おもに》を和《やわ》らげてくれることを願っている。

「どうしてあなたは行ってしまったの？」

「私を置いて、なぜ先に行くの？」

——こんな思いは、多くの死の場面で、人の心に起ることである。それが不慮《ふりょ》の死である場合、残された者は「もっとこの世でしたかったことがあるのに、さぞ無念だろう」と、亡くなった人の心に身を寄《よ》せて考える。それは、人間の自然な気持である。今回の震災で肉親や親しい人を亡くした大勢《おおぜい》の人々も、きっと同じように思ったことだろう。

生長《せいちょう》の家《いえ》では、人の命《いのち》は永遠《えいえん》だと教えている。他《た》の多くの宗教《しゅうきょう》も、生命の永《えい》生《せい》を説《と》いている。だから、たとえ肉体が死んだとしても、人間の本質《ほんしつ》は肉体ではなく、それを動かす生命である。肉体は、この地球という天体で生きるための〝宇宙服《うちゅうふく》〟のようなものだから、この世の使命《しめい》が終わればそれを脱《ぬ》ぎ捨《す》て、新たな次の境涯《きょうがい》へと移行《いこう》する、と教えている。そして、死はどんな形であろうとも――突然《とつぜん》の事故死《じこし》のように不条理《ふじょうり》であっても、その人にとっては寿命《じゅみょう》である。残されたものは、悲しく恋《こい》しく、切《せつ》なくても、その思いを感謝《かんしゃ》の心に変えていくことが必要だと、教えている。亡《な》くなった肉親や親しい人との間には、楽しい思い出や、お世話になったことなど色々《いろいろ》あるだろう。その思いを胸《むね》いっぱいにして、「ありがとうございました」と繰《く》り返《かえ》し心の中で言い続ける。たとえ良い思い出ばかりでなく、恨《うら》みや憎《にく》しみ、怒《いか》りの気持が混《ま》じっていても、そんな思いは捨《す》てて、ただ「ありがとう」と感謝の念だけを満たすように努《つと》めるのである。そうすると、悲しみや寂《さび》しさの思いはいつの間にか薄《うす》まり、亡くなった人がそばにいて、いつも見守り、支《ささ》えてくれているという確信《かくしん》に変わっていく。さらに、「どうか次の境涯《きょうがい》で、素晴《すば》らしい魂《たましい》の進化を遂《と》げてください」と、亡くなった人を祝福《しゅくふく》、讃嘆《さんたん》するのがいい。このような気持になることで、未来《みらい》がどんなに厳《きび》しく感じられても、それに立ち向かう勇気も湧《わ》いてくる。感謝の気持は、このように人生を幸せにする力があるのである。

このような生き方が、人生の光明面《こうみょうめん》を見る「日時計主義《ひどけいしゅぎ》」である。人生には思わぬ事件《じけん》や事故《じこ》、想定外《そうていがい》の出来事《できごと》が起こることを、私《わたし》たちはこの震災《しんさい》でありありと実感した。多くの人は、この悲惨《ひさん》さ、悲劇《ひげき》、苦しみ、絶望《ぜつぼう》のどこに〝光〟を見出《みいだ》せばよいのか当惑《とうわく》するかもしれない。しかし、この一見《いっけん》〝暗黒〟の中にさえ、人々の助け合う姿《すがた》、与《あた》え合う喜び、善意《ぜんい》の寄付《きふ》、ボランティアの熱意などが、忽然《こつぜん》として現《あらわ》れてきた。その量は、震災以前《いぜん》の何倍とも、何十倍とも言えるだろう。これらは、人間が本来《ほんらい》もっている〝光〟である。それが、大きな困難《こんなん》に直面して表面に現《あらわ》れてきたのである。

人生の目的は、本来ここにある。人間は素晴《すば》らしいものだと知り、自《みずか》らそれを表現《ひょうげん》することである。

私《わたし》たちは今回の震災《しんさい》で、何事《なにごと》も起こらない当たり前の日常《にちじょう》がどんなに素晴らしく、ありがたいものであるかを、理屈抜《りくつぬ》きで知ることができた。また、家族が自分のそばで、あるいは遠くにいても、生きていてくれることがどんなに心強く、喜びであるかにも、改《あらた》めて気がついた。何事もない日々の暮《く》らしの中で、それらに気がつけば、毎日を幸福で過《す》ごせる。が、なかなかそれができない。

家があり、家族がいて、食事がいただけること。自由に動かせる体があり、仕事《しごと》があり、勉強ができること。友達《ともだち》や周《まわ》りの多くの人に支《ささ》えられて生きていること。電気、水道、ガスが使えること。そういうありがたさは、数え上げたらきりがない。それらは、決して高価《こうか》でなく、ブランド品でもない。どこにでも転《ころ》がっている〝当たり前〟が、本当は最高に素晴らしいものなのだ。そのことを、改めて噛《か》みしめたいと思う。

ところで、この春大学を卒業し銀行への就職《しゅうしょく》も決まっていた私の甥《おい》は、自分の父の死をきっかけに、父が営《いとな》んでいた布団店《ふとんてん》を継《つ》ぐことを決意した。そして今は、家族三人が力を合わせて前に向かっている。

ただひとりのあなた

「何《なん》のために働くのか」

そんな疑問《ぎもん》を、誰《だれ》でも一度ならず持ったことがあると思う。自分の仕事《しごと》は価《か》値《ち》があるのだろうか、社会のために役に立っているのだろうかなどというのは、人生を真面目《まじめ》に考える人ならば、必ず行き当たる問いである。

最近読んだ『裸《はだか》でも生きる——25歳《さい》女性起業家《きぎょうか》の号泣戦記《ごうきゅうせんき》』（山口絵理子《やまぐちえりこ》著《ちょ》、講談社刊《こうだんしゃかん》）は、豊《ゆた》かで自由な社会に生きる私《わたし》たちにとって、「生きること」「働くこと」の意味を考えさせてくれる本だ。彼女《かのじょ》は大学時代に、アメリカのワシントンにある米州《べいしゅう》開発銀行で、インターンとして働いた。そこでは、途上国《とじょうこく》支援《しえん》の予算配分の部署《ぶしょ》についたが、自分が想像《そうぞう》していた職場《しょくば》とは違《ちが》う現実《げんじつ》に戸《と》惑《まど》い悩《なや》むのだ。

職員《しょくいん》たちは皆《みな》エリートで、途上国の貧困《ひんこん》などについて知識《ちしき》としては豊富《ほうふ》にあっても、実際《じっさい》の現地《げんち》での経験《けいけん》は全《まった》くないのがほとんどだった。巨額《きょがく》の支援をする現場《げんば》がそんな状況《じょうきょう》で、貧《まず》しい人々の手に本当に援助金《えんじょきん》が届《とど》くのかという疑問《ぎもん》がふつふつと湧《わ》いてきた。「この目で見なくては」という思いに駆《か》られて、アジアの最貧国《さいひんこく》といわれているバングラデシュに単身《たんしん》出かけて行く。そこで彼女が見たのは、国際《こくさい》援助金は一部の政治家《せいじか》やエリートの手に渡《わた》り、生活に苦しむ人の手には全く入らないという現実だった。

途上国支援《とじょうこくしえん》という理想に燃《も》えて、激《はげ》しい競争を勝《か》ち抜《ぬ》いて、開発銀行のインターンに選ばれた彼女《かのじょ》だったが、お金《かね》を援助《えんじょ》することでは人々の暮《く》らしを良くすることにはつながらないことを知った。人々が自分の手で何かをつくり出し、それが真《ま》っ当《とう》な取引として成立するシステムを作ることが、本当の援助になるとわかり、たった一人で事業《じぎょう》を立ち上げるのである。

その過程《かてい》では様々《さまざま》な試行錯誤《しこうさくご》や失敗、裏切《うらぎ》り、挫折《ざせつ》などを経験《けいけん》し何度《なんど》もやめようと思うのだが、彼女は何時《いつ》も踏《ふ》み留《とど》まった。職業《しょくぎょう》を自由に選べず、教育を受ける機会《きかい》もわずかしかない、ただ生きるために働き、それでも貧《まず》しく、充分《じゅうぶん》な食料のない人達《ひとたち》がバングラデシュにはいっぱいいた。「生きるために、ただ生きる人たち」からの無言《むごん》の叫《さけ》び、「やりたいことを自由にできる環境《かんきょう》にありながら、自分の理想のためになぜ行動しないのか」という声が聞こえたからだという。

国連難民高等弁務官《こくれんなんみんこうとうべんむかん》をしていた緒方貞子《おがたさだこ》さんの言葉《ことば》を思い出す。緒方さんはよく、「日本がどんなに恵《めぐ》まれた国であるかを知ってほしい」といっていた。自分の国だけ、自分の周《まわ》りだけを見ていると、置かれた環境のありがたさがわからない。だから広い視野《しや》に立って物事《ものごと》を考え、自分さえよければというような考えに陥《おちい》らず、世界の平和のために貢献《こうけん》してほしいと訴《うった》えた。特に若者《わかもの》にそのような視点《してん》を求めた。

人は誰《だれ》でも、小学校高学年から、中学、高校などの時《とき》、自分の将来《しょうらい》について、何か希望や理想を抱《いだ》くと思う。その理想に向かって努力して、願いが叶《かな》った人もいれば、叶わなかった人、あるいは途中《とちゅう》で考え方が変わった場合もあると思う。

やがて社会に出て、様々《さまざま》な経験《けいけん》をし、家族を持ち、生活の責任《せきにん》も重く感じられるようになる。そんな過程《かてい》で、いつの間にか理想や希望を忘《わす》れていることもある。けれども、人の心の核心《かくしん》にあるものは、変わらないはずだ。

人には誰《だれ》でも、これが好きだ、この問題に興味《きょうみ》があるというものがある。それを追求《ついきゅう》していくと、たとえ困難《こんなん》であっても生きがいや喜びを見出《みいだ》すことができる。ところが、現実《げんじつ》の厳《きび》しさや人の目、評価等《ひょうかなど》を気にしていると、自分が本当に求めていることをあきらめたり、どうすればいいか分からなくなってしまう。

生きがいが感じられず、ストレスや無気力になる原因《げんいん》は、自分の本心《ほんしん》を大切にしないところからきていることが多い。まずは自分の本当の願いを見出すことから始めなくてはならない。人には必ず、その人でなければできない何かがある。そして、その何かは、自己《じこ》満足のためではなく、社会に役立つもの、人に喜ばれることをやりたいと思うのが、人間の本性《ほんせい》である。人間は本質的《ほんしつてき》にそのような素晴《すば》らしさを持っている。だから、オリンピックや様々な運動競技《きょうぎ》で努力する人に共感し、勇気や希望をもらい、応援《おうえん》することに喜びを見出すのだろう。自分の理想に向かって、何があっても望みを捨《す》てず挑戦《ちょうせん》し続《つづ》ける人の姿《すがた》は、人間の本心に働きかけ、人の奥底《おくそこ》の心を呼《よ》びさます力がある。

いやいやながら働く。つまらない仕事《しごと》だが、生活のために働かなくてはならないから働く。こんな気持ちでは、喜びは感じられないし、生きがいなどは遠い話である。前述《ぜんじゅつ》の山口さんは、自分で会社を立ち上げるという大きな夢《ゆめ》を持った。そのためには資金《しきん》がいる。そこで、できる仕事は何《なん》でもした。デパートの催事《さいじ》の販売員《はんばいいん》、「ドン・キホーテ」での髭剃《ひげそ》りの販売、ミカン狩《が》りのアルバイトなどだ。
仕事《しごと》に価値《かち》を見出《みいだ》すとか、生きがいのある仕事という目で見たら、つまらない仕事かもしれない。ただ、生活費を得るための仕事とも思える。けれども彼《かの》女《じょ》にとっては、その先に自分の理想があるから、理想の実現《じつげん》のために必要ならば、どんなことでもできたのだ。

自分が本当に何をしたいのか分からない人もいる。けれども、今置かれた場所で、懸命《けんめい》に努力する中から、自分の理想や本当にやりたいことは見えてくる。努力をせず、どこかに素晴《すば》らしい仕事や職場《しょくば》があるかもしれないなどということはない。人生はそんなに安易《あんい》なものではない。けれども必ず、その人にしかできない、その人がこの世に生まれた使命《しめい》がある。使命が見いだせれば、現実《げんじつ》にどんな困難《こんなん》があっても、努力することができる。自分に自信を持つこと。人とは比《くら》べられない自分にしかできない何かがある。そのような人間の可能性《かのうせい》を信じることだ。一人一人の人間は素晴らしいかけがえのない存在《そんざい》なのである。

人間の心の奥底《おくそこ》にある、人に喜んでもらいたい、人の役に立ちたいという強い願い。その本心《ほんしん》に耳を傾《かたむ》けて、自分の希望の星《ほし》をしっかり見つめ、今与《あた》えられた場所で一所懸命《いっしょけんめい》に生きよう。

生かされている私《わたし》たち

最近私の身近《みぢか》で、二人の男性《だんせい》が若《わか》くして亡《な》くなった。特に親しいわけではなかったが、言葉《ことば》くらいは交《か》わしたことがあり、四十代後半から五十代の二人だったから、衝撃《しょうげき》は大きかった。まだこれから、色々《いろいろ》な方面で活躍《かつやく》が期待《きたい》できる年齢《ねんれい》だ。

徒然草《つれづれぐさ》の一節《いっせつ》が思い出された。

「死期《しご》は序《ついで》を待《ま》たず。死は、前よりしも来《きた》らず、かねて後《うしろ》に迫《せま》れり」

意味はこうなる。「死ぬ時期は、年齢をかまわず、順序《じゅんじょ》を待たないでやってくる。死は前のほうから来るとは限《かぎ》らない、人がちっとも気づかないうちに、背後《はいご》に音もなく迫《せま》ってきているのだ」

夫《おっと》*1からその二人の男性《だんせい》の死を聞いたのは、新緑《しんりょく》がまぶしく、自然界は萌《も》え出《い》ずる命《いのち》の輝《かがや》きに満ちている季節だった。翌日庭仕事《よくじつにわしごと》をしながら、人が死ぬという厳《おごそ》かな現実《げんじつ》が頭から離《はな》れない。死を逃《のが》れることのできない人間が、生きるとはどういう事《こと》だろうと、今までに何度《なんど》も自分に問いかけたその問いを、改《あらた》めて繰《く》り返《かえ》していた。

庭に出たのはお昼前で、区切りのよい所までと作業をしていて、気がついたら午後一時を過《す》ぎていた。一人で遅《おそ》めの昼食をとりながら、テレビのスイッチを入れると、画面には七十代と思われる男性が映《うつ》り、インタビューに答えてい

＊1　谷口雅宣・生長の家総裁。

た。話の内容《ないよう》から納棺師《のうかんし》のようで、死について語っている。私《わたし》が直前まで、鍬《くわ》で土を掘《ほ》り返《かえ》し、苗《なえ》を植《う》えながら考えていたことがまさに話されていた。

話し手は、青木新門《あおきしんもん》といわれる元《もと》納棺師であり作家だった。『おくりびと』という映画《えいが》*1が話題になったが、青木氏の『定本納棺夫日記《ていほんのうかんふにっき》』（桂書房刊《かつらしょぼうかん》）を元にこの映画は作られた。が、最終的には映画の結末が、作者の意図《いと》するところと違《ちが》ったので、原作とはならなかったそうだ。いずれにしても、対談では青木さんが様々《さまざま》な納棺の現場《げんば》で体験《たいけん》されたこと、死にゆく人のことや、残された家族のことなどを話していた。途中《とちゅう》からだったが、人は死に直面した時《とき》、生きているその事《こと》の尊《とうと》さが実感できるという話だった。

死を覚悟《かくご》することにより、生《せい》への執着《しゅうちゃく》、自我《じが》の意識《いしき》、死への恐怖《きょうふ》などがなくなり、全《すべ》てを赦《ゆる》し、全てに感謝《かんしゃ》する心になり、安らいだ清らかな気持になると

＊1　2008年公開、滝田洋二郎監督。

いう。経験《けいけん》からほとんどの人の死に顔が、安らかで美しいと言われた。

青木さんは自分の店が倒産《とうさん》し、生活のために仕方《しかた》なく、世間《せけん》からは忌《い》み嫌《きら》われる職業《しょくぎょう》である死者を棺《ひつぎ》に納《おさ》める納棺師になった。自分でも卑下《ひげ》しながらその仕事《しごと》をしていたが、仕事を続ける中で、様々な出会いがあり考えが変わっていく。

幼《おさな》いころから何《なに》くれとなく面倒《めんどう》を見てくれた叔父《おじ》は、青木さんが納棺師になったことをなじり、「一族の恥《はじ》だ」とまで言われた。世間体《せけんてい》、地位、名誉《めいよ》を何よりも重んじる叔父を憎《にく》んだ。その叔父が末期がんになり、死《し》に際《ぎわ》に病院を訪《おとず》れた時、「ありがとう」と青木さんに言い、手を握《にぎ》った。その瞬間《しゅんかん》、それまでの憎《にく》しみは跡形《あとかた》もなく消え、申《もう》し訳《わけ》なさが全身を貫《つらぬ》いたそうだ。亡《な》くなった叔父の顔は、光《ひか》り輝《かがや》いていたという。

叔父《おじ》の死の数日後、友人から郵便物《ゆうびんぶつ》が届《とど》いた。がん細胞《さいぼう》が全身に転移《てんい》し、三十二歳《さい》の若《わか》さで亡《な》くなった医師《いし》、井村和清《いむらかずきよ》さんの遺稿集《いこうしゅう》『ありがとう　みなさん』だった。何気《なにげ》なく読み始めて、気がついたら正座《せいざ》し、涙《なみだ》で目がくもって読めなくなったそうだ。

「肺《はい》への転移《てんい》を知った時《とき》、覚悟《かくご》はしていたものの、私《わたし》の背中《せなか》は一瞬《いっしゅん》凍《こお》りました。その転移巣《てんいそう》はひとつやふたつでないのです。レントゲン室を出るとき、私は決心していました。歩けるところまで歩いていこう。

その日の夕暮《ゆうぐ》れ、アパートの駐車場《ちゅうしゃじょう》に車を置きながら、私は不思議《ふしぎ》な光景を見ていました。世の中がとっても明るいのです。スーパーへ来る買い物客が輝《かがや》いて見える。走りまわる子供《こども》たちが輝いて見える。犬が、垂《た》れはじめた稲穂《いなほ》が、雑草《ざっそう》が、電柱が、小石までが輝いて見えるのです。アパートへ戻《もど》ってみた妻《つま》もまた、手をあわせたいほどに尊《とうと》く見えました」

遺稿集はその後『飛鳥《あすか》へ、そしてまだ見ぬ子へ――若き医師が死の直前まで綴《つづ》った愛の手記《しゅき》』（井村和清著《ちょ》、祥伝社刊《しょうでんしゃかん》）として、出版《しゅっぱん》された。

自分の死を本当に覚悟した時、執着《しゅうちゃく》から解放《かいほう》され存在《そんざい》の真実の姿《すがた》が光輝《ひかりかがや》くものとして、見えたということだろう。青木さんはこのような出来事《できごと》に遭遇《そうぐう》し、人の死に対する考え方が変わり、自分の仕事《しごと》に価値《かち》を見出《みいだ》すようになる。

生と死は人間にとって隣《とな》り合《あ》わせに存在するものだが、健康に暮《く》らしている時には、死があることを意識《いしき》することがあまりない。特に現代人《げんだいじん》の多くは、医療技術《いりょうぎじゅつ》の発達や衛生《えいせい》、栄養面の充実《じゅうじつ》により、寿命《じゅみょう》が延《の》びたことなどから、人間の力で命《いのち》を操作《そうさ》できると考えているところがある。延命治療《えんめいちりょう》やアンチエイジングが盛《さか》んにいわれ、死は憎《にく》むべきもの、あってはならないものとして捉《とら》えている。そうはいっても、実際《じっさい》に身近《みぢか》で人が死ぬ。若《わか》くしてあるいは不慮《ふりょ》の事故《じこ》で死ぬ。そんな事実《じじつ》を目の前にすると、人間の無力を感じるに違《ちが》いない。

生長《せいちょう》の家《いえ》では、人間は死なないという。その意味は、人間は肉体的存在《そんざい》ではなく、霊的実在《れいてきじつざい》であり、肉体はこの地球という天体で活躍《かつやく》するための作業服のようなものであり、人間そのものではない。肉体が故障《こしょう》し滅《ほろ》びても、命《いのち》としての人間は永遠《えいえん》に生き続けるというのだ。

私《わたし》はこのことを、知識《ちしき》としては理解《りかい》していた。けれども、若くして亡《な》くなる場合など、本人《ほんにん》はさぞ無念だろうと思っていた。青木さんの話を聞いて、死を覚悟《かくご》したとき、人は執着《しゅうちゃく》を捨《す》てる瞬間《しゅんかん》がある。それを「死を受容《じゅよう》する」と言われることもあるが、生《せい》への執着や自我《じが》が無くなった時《とき》、死ぬことは決して怖《こわ》いものでも、無念なものでもなく、「先に行って、待《ま》っているよ」、そんなものであると思った。

この世に生きる者の尺度《しゃくど》で「死」を見、自分の力で生きていると思うところから、様々《さまざま》な問題や、悩《なや》み、恐怖《きょうふ》が生まれてくる。自分の命がここにあるという不思議《ふしぎ》を、謙虚《けんきょ》な心で見つめれば、自分で生きているのではなく、生かされている存在だということに気がつく。生かされている私は、お任《まか》せして、今生きているそのことを心から喜び、感謝《かんしゃ》する生活をしよう。そう思えば、とても気が楽《らく》になるのだった。

可《か》能《のう》性《せい》を信じること

人間には、能力《のうりょく》において限界《げんかい》があるのだろうか、それとも人間には「無限《むげん》の可能性」というべきものがあり、努力によってどんな人でも必ず進歩、向上《こうじょう》できるのだろうか。

この二つの考え方のどちらを、あなたは信じるだろう。どちらの方《ほう》が正しいと思うだろうか。

ある人は、人間の能力は、生まれつきある程度《ていど》決まっていると思う。勉強でも「できる人」と「できない人」がいるのが、その証拠《しょうこ》だと言う。その一方《いっぽう》、人によって得意《とくい》、不得意《ふとくい》はあるにしても、どんな人でも練習を積み、努力を重ねることで、隠《かく》れている力が必ず現《あらわ》れ、進歩するものだ、と信じている人もいる。

この問題の正解《せいかい》は「後者《こうしゃ》」である。どんな人でも、その〝本質《ほんしつ》〟には必ずすばらしい可能性が宿《やど》っていて、それは努力や練習によって現れてくる。この人間の本質を人生の早い時期に知ることは、その後の人生のためにとても大切である。なぜなら、それを知ることで、自分の可能性に向かって早い時期から挑《ちょう》戦《せん》できるからだ。

この自己《じこ》開発にあたっては、重要な法則《ほうそく》が一つある。それは「与《あた》えたものが与えられる」ということだ。言《い》い換《か》えれば、自分が努力しただけのものが、自分に返ってくるのである。人はともすれば、どこかに〝抜《ぬ》け道《みち》〟や〝近道《ちかみち》〟があると思いたい。が、人生に近道や安易《あんい》な道はないし、あるように見えても、それはかえって「遠回《とおまわ》り」になるということも、しっかり心に留《とど》めておいてほしい。

私《わたし》は、母が生長《せいちょう》の家《いえ》の信仰者《しんこうしゃ》であったから、幼《おさな》い頃《ころ》から「人間は神の子で、無限《むげん》の可能性《かのうせい》をもったすばらしい存在《そんざい》だ」と教えられ、育ってきた。小学生の頃の私は、毎日野原を駆《か》け回《まわ》り、勉強など全《まった》くしない子供《こども》だった。昭和《しょうわ》三十年代に小学校の低学年だった子供には、行くための塾《じゅく》などなく、みんなよく遊んでいた。それでも、私が高学年になったころには、そろばん塾や書道《しょどう》塾が盛《さか》んになった。だから私も書道塾に通い、日本舞踊《ぶよう》も習っていた。が、勉強はほとんどしなかった。勉強よりも、川で魚を捕《と》ったり、野原で友達《ともだち》と遊んだり、林の中に入って探検《たんけん》したりする方《ほう》が楽しかった。そのせいかどうか知らないが、私の小学校低学年時代の通信簿《つうしんぼ》は、五段階評価《ごだんかいひょうか》で「オール3」だった。それでも母は、勉強しなさいとは言わなかったのである。

そんな私が、やがて勉強するようになったが、それには二つのきっかけがあったと思う。

一つは、小学二年の時《とき》にあった知能《ちのう》テストの際《さい》に担任《たんにん》の先生から言われた言葉《ことば》である。先生は、そのテストのことで母にこう言った。

「純子《じゅんこ》さんは知能テストの点数がいいので、勉強すれば良い成績《せいせき》になりますよ」

幼い私の心に、この言葉が強く残った。先生の言葉というものは、生徒に大きな影響力《えいきょうりょく》を持つものだ。それに加え、前述《ぜんじゅつ》した「人間は神の子で、無限《むげん》の可能性《かのうせい》を持っている」という教えが、私《わたし》の心に染《し》み込《こ》んでいた。

先生と母親から心の支《ささ》えを得た私は、少しずつ変わっていった。遊びに興《きょう》じていた子供《こども》は、学校の勉強を通じて読書のおもしろさや、算数の問題を解《と》く楽しさを知った。また、自分の知らない社会や外国があるということを知り、興味《きょうみ》が広がっていった。人間の興味の対象は、このように、その人の成長とともに変わっていくものだ。だからそのとき興味があるものと真剣《しんけん》に取り組むことにより、人は次の段階《だんかい》に自然に進むことができる、と私は思っている。

そういう意味で、遊びに夢中《むちゅう》だった私に「勉強しなさい」と強制《きょうせい》しなかった両親に、私は今でも感謝《かんしゃ》している。好きでもないことを強制されることぐらい、人間にとってイヤなことはないからだ。

若《わか》い頃《ころ》は、誰《だれ》にも好奇心《こうきしん》が芽生《めば》えてくる。その芽《め》を育てるものは、自分の可能性に対する揺《ゆ》るぎない信頼《しんらい》である。私は幸運にも、幼《おさな》い頃からこの信頼感をもつことができたので、好奇心のおもむくままに様々《さまざま》なことに挑戦《ちょうせん》した。

「人間の能力《のうりょく》は決まっている」「努力してもムダ」そのように思っていると、自分の内側から出てきた本来《ほんらい》の願いや、希望を無視《むし》してしまうことがある。「どうせダメだ」と考えてあきらめてしまうのだ。そうすると、心の底では「現《げん》状《じょう》を破《やぶ》りたい」と思っていても、それを破ることができず、生きることの喜びが感じにくくなる。若い人は、こういう人生を決して歩んでほしくない、と私は思う。

自分の心に「夢《ゆめ》」や「希望」が芽生えてきたら、その気持ちに素直《すなお》に従《したが》って努力することが大切だ。努力の過程《かてい》で苦しくなったり、前途《ぜんと》に不安を感じることはあるだろう。でも、そういう時《とき》にこそ「人間は、無限《むげん》の可能性《かのうせい》をもった素《す》晴《ば》らしい存在《そんざい》だ」と思い出して、自分の心に何度《なんど》も言い聞かせ、強い信念にまで育てるようにすることだ。

誰《だれ》にも教えられないのに、私《わたし》たちの心に「理想」や「希望」が出てくるのは、それらが私たちの〝本質《ほんしつ》〟であるからだ。つまり、私たちに元々《もともと》あるものが、表現《ひょうげん》を求めているのである。

もう一つ、私の高校受験のときのエピソードを、紹介《しょうかい》したい。私の前には「A高校」という難関校《なんかんこう》があった。中学三年の私は、できればその高校を受験したいと思っていた。進路指導《しどう》の際《さい》、担任《たんにん》と面談《めんだん》することになり、先生は、こう言った。

「A校、たぶん大丈夫《だいじょうぶ》だろうが、入ってからが大変だよ。一つ下のランクにしたらどう？」

私は常日頃《つねひごろ》から、「先生の言うことには従《したが》うべし」という考えの持ち主だったから、いったんは素直《すなお》に従おうと思った。ところが、後《あと》でゆっくり考えてみると、当時私には「国際線《こくさいせん》のスチュワーデスになる」という夢《ゆめ》があり、その夢を実現《じつげん》するためには、どうしてもA高校に入らなければならない、と思った。

心がそう決まると、何《なん》でもすぐ行動しなくては気がすまない私は、職員室《しょくいんしつ》に行って先生に、「A高校を受けます」と宣言《せんげん》した。

背水《はいすい》の陣《じん》を敷《し》いたのである。宣言した以上、失敗は許《ゆる》されないから、試験までの間、かつてない覚悟《かくご》で懸命《けんめい》に勉強に打《う》ち込《こ》んだ。今思い出しても、清々《すがすが》しさが感じられるような集中ぶりだった。その間、生長《せいちょう》の家《いえ》のお経《きょう》を読んだり、「合格《ごうかく》」と書いた紙を目につく場所に貼《は》ったりして、私は自分で「必ず合格する」と思えるまで努力した。そして、ついに合格を手にしたのである。

自分の希望や理想に素直《すなお》に従《したが》うこと。そして、自分の可能性《かのうせい》を信じること。この二つを〝車の両輪《りょうりん》〟として努力すれば、人は必ず生きがいのある人生を創《つく》り出《だ》すことができる。なぜなら、人間は一人の例外もなく皆《みな》、素晴《すば》らしい可能性を備《そな》えているのだから……。

「ただ与《あた》える」こと

日本で二〇〇一年に公開された『ペイ・フォワード　可能《かのう》の王国』というアメリカ映画《えいが》*1がある。中学校の教師《きょうし》がクラスの生徒たちに「もし自分の手で世界を変えるとしたら、何をするか？」という課題を与え、答えさせる。主人公の十二歳《さい》の少年が考えたのは、自分が人から受けた思いやりや善意《ぜんい》を相手に返すのではなく、別の三人に与えるというもので、いわば善意の伝達ゲーム、善意の拡散《かくさん》である。

＊1　ミミ・レダー監督。

私《わたし》たちの日常《にちじょう》生活では、人に善意《ぜんい》で何かをしてあげたり、また、見知らぬ人から善意の行為《こうい》をしてもらったりすることは結構《けっこう》ある。私の場合、生長の家《いえ》の講習会《こうしゅうかい》で地方のホテルに泊《と》まることがあるが、朝エレベーターで見知らぬ人と乗り合わせた時《とき》、後《あと》から乗ってきた人が、「おはようございます」と挨拶《あいさつ》してくれることがある。するとこちらもよろこんで「おはようございます」と応《おう》じる。ただそれだけの交流《こうりゅう》でも、エレベーターの中には温《あたた》かい空気が満ちる。

また昼の時間帯には、婚礼姿《こんれいすがた》の新郎新婦《しんろうしんぷ》と一緒《いっしょ》になることもある。結婚式《けっこんしき》という晴れがましくも緊張《きんちょう》を伴《ともな》う状況《じょうきょう》の中、思いがけず、まったくの他人と狭《せま》いエレベーターに閉《と》じ込《こ》められた若《わか》い二人は、戸惑《とまど》うことが多い。初めてそんな場面に遭遇《そうぐう》したとき、私は〝場違《ばちが》い〟を感じて戸惑った。だが夫《おっと》は自然体で「本日はおめでとうございます」と声をかけたのだ。

すると、緊張《きんちょう》に顔をこわばらせていた新郎新婦は、照《て》れながらも「ありがとうございます」と喜んでくれた。見知らぬ人からも祝福《しゅくふく》され、きっと嬉《うれ》しかったのだろう。

以来《いらい》私は、そのような場面に行き当たっても、相手に声こそかけないが、夫の横でごく自然に、若い二人を祝福する気持でいられるようになった。

人間は知らない人に対しては、身構《みがま》えてしまうことが多い。まして相手が制《せい》服《ふく》や立派《りっぱ》な衣装《いしょう》に身を包んでいたり、いかめしい肩書《かたがき》をもっていると、自分勝手にその人の人物像《じんぶつぞう》を作ってしまって、普通《ふつう》に接《せっ》することができないこともある。

人に対して自分から善意を表現《ひょうげん》しようという態度《たいど》は、そんな先入見《せんにゅうけん》を取《と》り払《はら》う良いきっかけになる。「人に愛を与《あた》える」などというと、高尚《こうしょう》な宗教的《しゅうきょうてき》行《こう》為《い》のように聞こえ、敬遠《けいえん》されがちだ。けれども、そんなに大《おお》げさに考えずに、少しばかり自分の心を開いて、相手を受け入れることだと思えばいい。また、相手に何か良いことをしようと考えると、心に余裕《よゆう》ができ、毎日の生活はずいぶん変わってくる。自分本位《ほんい》の心で「つまらない」と感じていた日々が変化し、生きることが楽しくなる。

人は普通《ふつう》、自分中心に物事《ものごと》を考える傾向《けいこう》がある。自分の周《まわ》りの出来事《できごと》を考えるとき、自分の希望がかなうことが〝良いこと〟だと思いがちだ。「自分」が、無意識《むいしき》のうちに周囲《しゅうい》の環境《かんきょう》に散りばめられている。そこに、「何か人のためになることはないか……」と、自分以外の人を考える心の空間を作るのだ。最初は難《むずか》しいかもしれない。人のことより自分のことが大切だと思うからだ。自分が幸せでないのに、人の幸せなど考えていられないと思うのが普通だろう。けれども、そんな固定観念《こていかんねん》は捨《す》て、その日何か一つ「人のためになる良いことをしよう」と決めるのだ。そして、その「良いこと」を探《さが》す。

たとえば、乗り物の中で人に席を譲《ゆず》る。店や通路では、後《あと》から来る人のためにドアを持って待《ま》つ。あるいは、道を譲ってもいい。そういう行為《こうい》をすることによって、思いがけない喜びが湧《わ》いてくるものだ。時《とき》には相手からお礼の言葉《ことば》が返ってきたり、会話が始まって温《あたた》かい心の交流《こうりゅう》が生まれたりする。幸福感や生きがいは、そんなささやかなことから生まれる。

ささやかではあっても、それらが日々積み重なっていくと、習慣《しゅうかん》の力が大きく働き、心の傾向が変わってくる。自己《じこ》中心的な〝狭《せま》い殻《から》〟が破《やぶ》れ、周りの人や環境を含《ふく》んだ〝広い世界〟にいる自分が感じられてくる。

先日、アメリカの友人から『*The Giving Tree*（与《あた》える木）』（邦訳《ほうやく》『おおきな木』シェル・シルヴァスタイン作、村上春樹《むらかみはるき》訳《やく》、あすなろ書房刊《しょぼうかん》）という絵本をいただいた。こんな内容《ないよう》だった――

ある所にリンゴの木があった。その木は小さな少年を愛した。少年も木が好きで、毎日木のところに来て、葉《は》っぱを拾《ひろ》ったり、木に登って遊んだり、リンゴを食べたりした。やがて少年は成長して、あまり遊びに来なくなり、木は寂《さび》しくなった。そんなある日、少年はまた木のところにやってきたが、自分は大きくなりすぎてもう木では遊べないと言う。それよりお金《かね》がほしい、と木にねだる。木は自分はお金は持っていないが、自分の枝《えだ》に実《みの》ったリンゴを売ればいいという。そこで少年は、リンゴを抱《かか》えて帰っていく。木は、その後《うし》ろ姿《すがた》を見て幸せを感じる。

何年《なんねん》もたち、少年は成長し、ある日またリンゴの木を訪《おとず》れる。そして、「家がほしい」と木に頼《たの》む。木は自分の枝を切って家を作ればいいという。少年はリンゴの枝を伐《き》って家を建《た》てる。少年の役に立って、リンゴの木は幸せだった。

さらに何年もたち、少年は中年になって木のところへやってくる。そして、「遠くへ行くためにボートがほしい」と木にねだる。木は自分を切り倒《たお》してボートを作ればいいという。リンゴの木は倒され、切《き》り株《かぶ》だけが残る。

やがて、さらに何年もたった後に、年老いた少年がやってくる。彼《かれ》はもう何もほしがらないが、疲《つか》れたので休みたいという。そこで木は、切り株になった自分に座《すわ》って休めばいいと言い、少年はそれに従《したが》い、木は幸せを感じる。

——何も求めず、ただ与《あた》えるだけで、木は満足し、幸せだったという話だ。

人生の深い真実を示《しめ》している、と私《わたし》は感じた。

「ただ与える」ということは、外からやってくることを「待《ま》つ」という消極的な姿勢《しせい》ではできない。自《みずか》ら人生を開拓《かいたく》していくという積極的な態度《たいど》が必要で、そこから、幸福な人生を創造《そうぞう》するきっかけが生まれる。その人生とは、もはや「自分一人」の寂《さび》しい人生ではなく、幸福な顔をした人々と共《とも》にいる、喜びに満ちた人生なのだ。

第2章★大切なこと

笑顔《えがお》で「おはよう」

以前《いぜん》住んでいた原宿《はらじゅく》の家から渋谷《しぶや》までの道は、多くの若者《わかもの》が通る。そこを歩くと色々《いろいろ》な顔、様々《さまざま》な服装《ふくそう》に出会う。彼《かれ》らは実《じつ》に多様《たよう》な装《よそお》いをしていて、時《とき》には目を見張《みは》るような奇抜《きばつ》な格好《かっこう》もあって、なかなか刺激的《しげきてき》である。ところが、そんな服装とは裏腹《うらはら》に、彼らの顔からは、それほど多様な〝主張《しゅちょう》〟を私《わたし》は感じない。若者の顔は、これから自分で作り上げていくものだからだろう。

一方《いっぽう》、渋谷駅に近づくと、中高年の人々と多く出会うようになる。そういう人の顔には、長い人生を歩んできた歴史が刻《きざ》まれていて、その中から個性《こせい》が覗《のぞ》くという意味で〝主張〟を感じる。

道を歩くとき、人はたいてい何か目的をもっている。特に渋谷のような混雑《こんざつ》した街《まち》では、ただ歩くために歩くという人は、ほとんどいないだろう。人込《ひとご》みの中は、散歩に向かないからだ。こういう場所を歩く人の心の中には、目的の場所についてのこと、その朝の出来事《できごと》、途中《とちゅう》で遭遇《そうぐう》したことなどが渦巻《うずま》いているのではないだろうか。表情《ひょうじょう》には、そういう出来事についての感情《かんじょう》が現《あらわ》れる。私は歩きながらすれ違《ちが》う人の表情を観察することがあるが、晴《は》れ晴《ば》れとした幸せそうな顔に巡《めぐ》り合《あ》うことはあまりない。大変険《けわ》しい表情の人も、時にはいるのである。

言うまでもないことだが、顔は自分ではなく、他人に向けられている。私たちは、無意識《むいしき》の時《とき》の自分がどんな顔だか知らないし、直接《ちょくせつ》見ることもできない。自分の顔だから、自分が一番よく知っているように思いがちだが、鏡《かがみ》に映《うつ》った左右逆転《ぎゃくてん》の顔以外は、私《わたし》たちは自分の顔を全《まった》く知らないのだ。だから、「顔は他人のためにある」といっていいだろう。

無意識の時の表情《ひょうじょう》は、その人の心の習慣《しゅうかん》を現《あらわ》している。が、意識して人と対するときは、それとは違《ちが》った表情になるのが人間だ。夫《おっと》や妻《つま》、子供《こども》や両親などの家族、学校の先生や会社の上司、同僚《どうりょう》、近所の顔見知りの人、商店の店員や乗り物の係員、それぞれに対して、微妙《びみょう》な表情の変化があるに違いない。相手に対する感情《かんじょう》が違うからだ。自分が良く知っている人には親切な表情をするが、他人に対しては冷たい態度《たいど》をとる人もいるだろう。人見知りをする性格《せいかく》で、恥《は》ずかしがり屋《や》の人もいる。そんな人は、一見《いっけん》そっけない顔をしていても、心の中は違うかもしれない。

表情は、人間関係の良《よ》し悪《あ》しにも影響《えいきょう》する重要な要素《ようそ》だ。自分の表情など気にしないという人がいるかもしれないが、こちらの表情によって相手の表情も変わってくるのだ。仏教《ぶっきょう》では〝和顔施《わがんせ》〟というのが、布施行《ふせぎょう》の一つになっている。人に対して、穏《おだ》やかな優《やさ》しい表情をすること、笑顔《えがお》を向けることが、大きな功徳《くどく》に繋《つな》がると説《と》かれているのだ。だから人の顔は、生きていく上でとても大きな役割《やくわり》を担《にな》っているのである。また、表情は心とも大《おお》いに関係しているから、その人の生きる世界を形づくり、人生の幸不幸《こうふこう》にも大きく影響する。

生長《せいちょう》の家《いえ》の講習会《こうしゅうかい》では、「聖歌《せいか》」の合唱の時間がある。女性《じょせい》の組織《そしき》である白《しろ》鳩会《はとかい》を中心に編成《へんせい》された聖歌隊《せいかたい》が、生長の家の聖歌を歌う。そのとき、歌声だけでなく、歌う人の表情が合唱を引き立てることがある。明るい表情で歌っていると、聴《き》く側《がわ》も明るい気持、さわやかな気分になるものだ。目をつぶって歌声だけを聞いているのとは、大違《おおちが》いだろう。人間には五官《ごかん》があるから、声だけでなく、歌い手の表情《ひょうじょう》やコスチューム、全体の雰囲気《ふんいき》からも情報《じょうほう》を得て、耳からの情報と組み合わせて合唱を聴《き》くのである。

明るい表情が良いとはいっても、ただ顔の表面でお愛想笑《あいそわら》いを浮《う》かべ、それに心が伴《ともな》わない場合、効果《こうか》は半減《はんげん》するか、時《とき》には台無《だいな》しになってしまう。

私《わたし》がかつて航空会社の客室乗務員《じょうむいん》をしていた時のことである。乗務員は乗客が飛行機に乗ってきたとき、「いらっしゃいませ」とか「ありがとうございます」と言って迎《むか》えていた。ある時、売れっ子の落語家《らくごか》が搭乗《とうじょう》してきたことがあった。私がいつものように感謝《かんしゃ》の言葉《ことば》を述《の》べて挨拶《あいさつ》すると、

「本当にそう思ってる？」

と聞いてきた。

落語家の表情は、決してイヤな感じではなく、ちょっとからかうような笑顔《えがお》だった。だから私も、気分を害することなく、笑顔で「ハイ」と返した。心を伴わない言葉だけになりそうな場面で、彼《かれ》は注意を喚起《かんき》してくれたのである。厳《きび》しい芸《げい》の世界に生きる人ならではのひとことだ。良く思われたい、その場を繕《つくろ》いたいという思いだけで、上《うわ》すべりな言葉を使わないようにとの忠告《ちゅうこく》と受け止め、その後の自分への戒《いまし》めとしたのだった。

無意識《むいしき》に道を歩いている時、私自身も自分がどんな顔をして、どのような雰《ふん》囲気《いき》を漂《ただよ》わせているかはわからない。心に何か引っかかることがあるときなど、もしかしたら険《けわ》しい顔をして、道を歩いているかもしれない。こういう時自分でなんとなく「はっと」気が付いて、私は努《つと》めて明るい表情をするようにしている。自分の心の状況《じょうきょう》を客観的《きゃっかんてき》に見る習慣《しゅうかん》がついたのかもしれない。

自覚があれば、心の状態《じょうたい》を意識的《いしきてき》に変えることができる。心が平安で楽しければ、明るい幸せな顔になる。つとめて明るい表情《ひょうじょう》を心がければ、その努力が心に影響《えいきょう》し、何《なん》となく幸せな気持になる。心と体はお互《たが》いに影響し合う関係にあるからだ。

一般的《いっぱんてき》には、人の雰囲気《ふんいき》はそんなに変わらないと考えられているだろうが、私《わたし》は変えることは案外可能《あんがいかのう》だと思う。新入社員というのは、フレッシュではあるが、なんとなく頼《たよ》りない感じがして仕事《しごと》を任《まか》せられない気がする。そんな人でも、一年ないし数年たつと、とても頼《たの》もしいプロの雰囲気を漂《ただよ》わせるようになる。これは、毎日の経験《けいけん》の積み重ねが、人の雰囲気を変えるからだ。こうして意識して、自分の心や表情を変える努力をしていれば、自《みずか》らの力で自分の人生を作り上げていく積極的な生き方ができる。

笑顔《えがお》で「おはよう」と、会う人ごとに挨拶《あいさつ》してみよう。相手が喜ぶだけでなく、きっと自分自身がうれしい気持になり、日々の生活が良い方向に変化していくに違《ちが》いない。

朝五時に起きる

私《わたし》の朝は、五時少し前の目覚《めざ》ましの音で始まる。日によっては目覚ましの鳴る前に目が覚《さ》めることも多い。この時刻《じこく》に体内時計がセットされていて、自然に目が覚めるのだろうか。

目覚めとともに、夫《おっと》と二人で生長《せいちょう》の家《いえ》の瞑想法《めいそうほう》である神想観《しんそうかん》をする。その後はラジオのスイッチを入れ、天気予報《よほう》でその日の天気を確《たし》かめる。そして、朝食の準備《じゅんび》を始める六時までの約三十分、〝独《ひと》りの時間〟を過《す》ごす。原稿《げんこう》の締《し》め切《き》り日《び》が迫《せま》っている時《とき》には原稿を書くこともあるが、大体《だいたい》は英語の勉強をすることにしている。短いけれども、この〝独りの時間〟は貴重《きちょう》である。

日中は家事を含《ふく》めていろいろな仕事《しごと》があるから、今の私にとって差《さ》し迫《せま》った必要のない英語の勉強は、後回《あとまわ》しになってしまうことが多い。そして気がついたら、一日が終わってしまったということもよくある。そんな事情《じじょう》もあるので、朝の清々《すがすが》しい気分の時に、たとえ少しの時間でも英語だけは継続《けいぞく》して続けたいと思っている。英語をはじめとした語学は、毎日続けることと、その言葉《ことば》の世界にどれだけ長く浸《ひた》れるかが、習得《しゅうとく》の度合《どあ》いを左右するからだ。

朝の時間のよいところは数多くあるが、最大の利点は、心身が爽《さわ》やかで新たな意欲《いよく》に満ちていることだ。夜中《よなか》に誰《だれ》かが大掃除《おおそうじ》をしたわけではないのに、朝は不思議《ふしぎ》にも、世界が生まれ変わったような清々しさに満ちている。この気分は、医学的に説明すれば、眠《ねむ》っている間に脳《のう》は休息《きゅうそく》し、肉体の他《ほか》の箇所《かしょ》は修復《しゅうふく》作用が行われるからだという。日が沈《しず》み真《ま》っ暗《くら》な夜になり、私《わたし》たちは眠《ねむ》りにつく。そして朝起きると、外は明るく、晴れた日には太陽が輝《かがや》いている。このメリハリの効《き》いた変化の繰《く》り返《かえ》しが、体内時計を活発に機能《きのう》させ、毎日に新鮮《しんせん》さを与《あた》え、心に希望を生み出してくれるのだろう。

夜は、一日の様々《さまざま》な出来事《できごと》の記憶《きおく》が心の表面を覆《おお》っているし、体も疲労物質《ひろうぶっしつ》に覆《おお》われているように感じる。だから、夜はゆっくりお風呂《ふろ》に入って疲《つか》れを取り、その後、好きな本を読むことが私の最大の楽しみである。とはいっても、仕事《しごと》が混《こ》んでいてそうできない日も少なくない。そんな夜に書いた原稿《げんこう》は、翌《よく》日《じつ》の朝、必ず読み返すことにしている。すると、昼間の体験《たいけん》を引きずって書いたことから来る偏見《へんけん》や、過剰《かじょう》な表現《ひょうげん》などに気づくことがある。気分が一新《いっしん》した

〝朝の自分〟と、雑念《ざつねん》や記憶がよどんだ〝夜の自分〟では、前者《ぜんしゃ》がより客観的《きゃっかんてき》であり、より素直《すなお》だと私は思う。

仕事の効率《こうりつ》からいっても、朝は夜より優《すぐ》れている。一日の始まりで、てきぱきと物事《ものごと》をこなさなくてはならない朝は、細かい時間に区切られている。料理、洗濯《せんたく》、片《かた》づけ、食器洗い、弁当作《べんとうづく》り……多種のことを短時間に集中して行わねばならないのだ。このリズムに合わせて効率よい仕事や勉強ができる。朝の仕事は夜に比《くら》べて三倍くらい効率が良いという説もある。朝早く起きて、充実《じゅうじつ》した時間を過《す》ごすと、気分が良いだけでなく、自分自身が「価値《かち》ある人生を歩んでいる」という実感に浸《ひた》れるものだ。

私は若《わか》い頃《ころ》、遅《おそ》い時間まで寝《ね》ていられることが〝休日の楽しみ〟だと思っていた。けれどもそんな日は、一日があっという間《ま》に過ぎてしまい、し残《のこ》したことのために夜遅《おそ》くまで起きていたりしがちだ。すると、翌日《よくじつ》の仕事《しごと》に寝不足《ねぶそく》の状態《じょうたい》で臨《のぞ》むことになる。こんな生活をしていると、体内時計が狂《くる》い、朝と夜のバランスがとれた生活のリズムは崩《くず》れてしまう。

「朝五時に起きる」と決めている今の私《わたし》の生活からは、多くの収穫《しゅうかく》が得られる。毎日バランスのとれた朝食を作ることができ、その延長《えんちょう》として、夫《おっと》のお弁当《べんとう》も休まずに作れる。寝坊《ねぼう》を理由として手抜《てぬ》きの朝食を作る必要はなく、時間がないと弁解《べんかい》して夫にコンビニ弁当を食べさせることもない。

人によっては、そんな生活は忙《いそが》しくて自由がなく、耐《た》えられないと思うかもしれない。けれども、自分の気分次第《しだい》で物事《ものごと》をしたりしなかったりすることが、人に生きがいを与《あた》えるかというと、そう単純《たんじゅん》でないのが人間の不思議《ふしぎ》な点である。自分の心の表面に「怠《なま》けたい」という気持があったとしても、その奥《おく》には、誰《だれ》でも「こうありたい」「こうすべきだ」と願う〝理想型《りそうけい》〟があるものである。だから人間は、うわべの〝怠け心《なまごころ》〟の誘惑《ゆうわく》に負けないで、この〝理想型〟に近づく努力をしていると、満足感が湧《わ》き、生きがいある生活が送れるのである。

一方《いっぽう》、自由で気ままな生活は一見《いっけん》良さそうに思えるが、目的や目標を失ったモヤモヤの感覚が心を覆《おお》い、不満の感情《かんじょう》が心に残る。そんな状態が長く続くと、自分を責《せ》める自己処罰《じこしょばつ》の思いを抱《いだ》くようになるから、かえってストレスが多い生活になるのである。

こんな人間心理の複雑《ふくざつ》な仕組みを知れば、自分の理想実現《じつげん》のために、朝の時間を活《い》かし努力することは、楽しく有意義《ゆういぎ》な人生を送るための、大変有効《ゆうこう》な生き方であることが分かるだろう。

先日、知人から聞いた話である。

大阪《おおさか》の白鳩会《しろはとかい》のあるグループは、朝四時に集まって生長《せいちょう》の家《いえ》の瞑想法《めいそうほう》である神想観《しんそうかん》をしているそうだ。彼女《かのじょ》たちは皆《みな》、家庭と仕事《しごと》をもち、小さな子供《こども》も抱《かか》える多忙《たぼう》な身だ。その彼女たちが一堂《いちどう》に会《かい》するため生み出した時間が、「朝四時」だった。まだ夫《おっと》も子供《こども》も寝《ね》ている時間帯に仲間の家に集まり、瞑想後《めいそうご》の五時には帰宅《きたく》し、朝食の用意や家族のお弁当《べんとう》をきちんと作るという。

朝一時間、あるいは二時間早起きして、何かを達成《たっせい》した人は沢山《たくさん》いるし、書店には「早起きで人生を変えよう」という類《たぐい》の本も並《なら》んでいる。人間の心は体と分離《ぶんり》することはできない。体は太陽とともに目覚《めざ》め、暗くなったら眠《ねむ》るようにできている。そのリズムを生かして生活すると、心は「気持良い」と感じるのである。現代《げんだい》は生活が夜型《よるがた》に傾《かたむ》きがちであるが、「早起き」で気持のいい生活ができるのであれば、理想実現《じつげん》に燃《も》える若者《わかもの》がこれを実行しない理由はない、と私《わたし》は思うのだが……。

光は流れる

「お日《ひ》さまの照《て》っている朝でよかった。雨の朝も大好きだけど。どんな朝でも、朝ってわくわくするでしょ。その日どんなことが起こるかわからないんですもの。想像力《そうぞうりょく》の広がる余地《よち》が、いくらでもあるのよ」（掛川恭子《かけがわやすこ》訳《やく》）

――小説『赤毛のアン』の第四章「グリーン・ゲーブルズに、朝が来る」に、こんな言葉《ことば》が出てくる。自分の身の周《まわ》りに起こることに対して、「何か素晴《すば》らしいものが待《ま》っているに違《ちが》いない」と心躍《こころおど》らせて期待《きたい》する。そんな積極的な生き方を表している言葉だ。

孤児院《こじいん》で夢《ゆめ》も希望も見出《みいだ》すことの難《むずか》しい生活をしていたアンが、マシューとマリラ兄妹《きょうだい》の家に連れてこられる——アンの物語は、そんなシーンから始まる。自分を引き取ってくれる家があり、そこは自然に恵《めぐ》まれた美しい土地だと知り、夢ではないのかと何度《なんど》も自分をつねってみるアン。ところが着いてみると、彼《かれ》らが欲《ほ》しかったのは男の子だとわかり、アンは幸福の絶頂《ぜっちょう》から絶望《ぜつぼう》のどん底《ぞこ》に落とされる。夜になり、翌日《よくじつ》にはまた孤児院に返される現実《げんじつ》を前に、悲しくて眠《ねむ》れないのであるが、それでもいつのまにか眠ってしまう。翌朝《よくあさ》、二階の部屋で目覚《めざ》めたアンは、窓《まど》から眺《なが》めた景色《けしき》の素晴らしさに、自分の身の上の不幸も忘《わす》れて、訪《おとず》れた朝を讃嘆《さんたん》するのだ。

この小説の主人公・アンはすべての物事《ものごと》において、たとえそれがどんなに困《こん》難《なん》な状況《じょうきょう》でも、想像力《そうぞうりょく》をふくらませて楽しいことにしてしまう術《すべ》をもっている。

『赤毛のアン』は、今から約百年前の一九〇八年にカナダ人のルーシー・モード・モンゴメリーによって書かれ、アメリカで出版《しゅっぱん》された。カナダのプリンス・エドワード島《とう》が舞台《ぶたい》で、孤児《こじ》の女の子の成長物語であり、彼女《かのじょ》を取《と》り巻《ま》く人々との交流《こうりゅう》が描《えが》かれている。発表と同時にベストセラーになり、世界二十五カ国以上で、二十二の言語《げんご》で翻訳《ほんやく》された。日本語版《にほんごばん》は一九五二年、村岡花子《むらおかはなこ》さんの訳《やく》で最初に出版《しゅっぱん》された。そして、なぜか世界の中で「日本の女性《じょせい》」に多く読まれているという。

私《わたし》は、小学校高学年から、中学―高校とずっと『赤毛のアン』の愛読者だった。アンとの最初の出会いは、学校の教科書だった。それまでにも本は書店で目にしていたが、興味《きょうみ》がなかった。ところが教科書で読んだアンの話がとても面白《おもしろ》かったので、すぐに書店で買った。そして、当時八冊《さつ》あった〝アン・シリーズ〟を次々《つぎつぎ》に読んでいった。全部読むとまた最初から読み返した。何度《なんど》読んでも飽《あ》きないのだった。

アンへの心酔《しんすい》は、読書の分野に留《とど》まらなかった。彼女の生活にあこがれて、小説に出てくるケーキやクッキーを焼いたり、アンが着ただろうレース飾《かざ》りのついたスカートを自分で作ったりした。また母に頼《たの》んで、アン風《ふう》の白いワンピースを近所の洋装店《ようそうてん》で作ってもらったりもした。

伊勢《いせ》の田舎町《いなかまち》の少女を魅了《みりょう》したのは、そんな西洋風の生活だけでなく、アンの生き方そのものだった。アンは何事《なにごと》にも明るさ、良さを見つけ、困難《こんなん》なこと、いやなことは想像力で覆《おお》い隠《かく》してしまう。例《たと》えば、アンに与《あた》えられた部屋は、きれいに片付《かたづ》いてはいたが、飾《かざ》り物《もの》が何もなく殺風景《さっぷうけい》だった。そこでアンは想《そう》像《ぞう》する――

「床《ゆか》にはピンクのバラ模様《もよう》の真《ま》っ白《しろ》なベルベットのカーペットが敷《し》きつめてあって、窓《まど》にはピンクの絹《きぬ》のカーテンが揺《ゆ》れている。壁《かべ》には、金銀の綴《つづ》れ織《お》りのタペストリーがさがっている。家具はマホガニー……」

こんな風《ふう》である。

また何《なん》でもない自然の風景に、とびきり魅力的《みりょくてき》な名前を付けることで、当たり前の日常《にちじょう》を、魅惑的《みわくてき》な物語の世界に仕立ててしまう――リンゴの並木道《なみきみち》は「喜びの白い道」になり、薄暗《うすぐら》い湿地《しっち》は「輝《かがや》く湖《みずうみ》」となるのだ。また、「恋人《こいびと》の小道」や「お化《ば》けの森」などと命名《めいめい》する。

アンのファンになる女性《じょせい》は沢山《たくさん》いるが、脳科学者《のうかがくしゃ》の茂木健一郎《もぎけんいちろう》さんが、アンのファンだと知って驚《おどろ》いたことがある。アンの話は、夢見《ゆめみ》がちな少女の成長物語で、男の人には興味《きょうみ》がないと思っていたからだ。夫《おっと》を含《ふく》め、私《わたし》の周《まわ》りの男性《だんせい》で「アン」の名前を自分から口にした人はなかったのである。茂木さんの著《ちょ》書《しょ》からは、勉強熱心で理路整然《りろせいぜん》と物事《ものごと》を考える人だとの印象が強かったから、「アンの世界」とはかけ離《はな》れて感じられた。

ところが最近、ある書店で「『赤毛のアン』に学ぶ幸福《しあわせ》になる方法」（講談社《こうだんしゃ》文庫《ぶんこ》）というのを見つけた。その著者《ちょしゃ》が茂木さんだったのである。この本によると、茂木さんは小学校の高学年の頃《ころ》に『赤毛のアン』を読んで以来《いらい》、ずっとファンだったそうだ。が、そのことを公表したのは、ごく最近だという。その理由は、私が驚いたのと同じ理由で、『赤毛のアン』は普通《ふつう》「女の子が読む本」だと思われているからだそうだ。そして、自分がアンを好きな理由を、うまく説明できなかったからだという。

茂木《もぎ》さんもアンの世界に魅《み》せられて、中学時代には学校の校舎《こうしゃ》から見える森を勝手に「お化《ば》けの森」と呼《よ》んだりしたそうだ。またプリンス・エドワード島《とう》の紋章《もんしょう》を作ったり、同島《どうとう》の先住民族《せんじゅうみんぞく》、ミックマック・インディアンの文字を再現《さいげん》したりした。

さらに茂木さんは、大学院生《だいがくいんせい》の時《とき》を発端《ほったん》にして、物語の舞台《ぶたい》プリンス・エドワード島に二回も行っている。

その本によると、茂木さんは二〇〇八年になって突然《とつぜん》、「アンの物語は僕《ぼく》自身の物語だ」と気がついたそうだ。アンは女の子だったから、自分と同一視《どういつし》することができず、アンに魅《ひ》かれる理由の説明ができなかった。アンは当たり前の日常《にちじょう》の中に、〝小さな奇跡《きせき》〟を沢山《たくさん》見つけて喜び、ひたむきに生きることで、幸せになった。茂木さんはその生き方に、男女を超《こ》えた自分と同じ性質《せいしつ》を見たという。

そうなのだ。『赤毛のアン』が多くの日本女性《じょせい》に愛されたのは、人生の明るい面を見る積極的な生き方が、読者に夢《ゆめ》と希望を与《あた》えたからなのだ。ということは、人生の光明面《こうみょうめん》を見る「日時計主義《ひどけいしゅぎ》」の生き方は、日本女性を——少なくとも日本の少女たちを——導《みちび》いてきた〝光〟の一筋《ひとすじ》であり、世界にも広がる流れといえる。

その光の流れを、今日《きょう》も広げていきたいと思う。

知ることの大切さ

「本を読みなさい」

——私《わたし》が小学五年生の時《とき》の担任《たんにん》の教師《きょうし》は、ことあるごとに、こう言って生徒に読書を勧《すす》めた。その教師は、私の母と同じ女学校《じょがっこう》の出身で、母より数年先輩《せんぱい》だった。戦争で夫《おっと》はすでになかったが、この女先生《おんな》は二人の男の子の母親だったと記憶《きおく》している。

この先生は、母と知り合いだということで、さりげなく私に目をかけてくれることがあり、そのおかげで私は読書好《ず》きの生徒になった。また、この頃《ころ》から、私は学校の勉強にまじめに取り組むようになった。それまでは、遊びが第一で、勉強にはあまり興味《きょうみ》がなかったのだ。

「読書で世界が広がり、知識《ちしき》も豊《ゆた》かになる。それは勉強に役立つだけでなく、生活面でも楽しみや喜びにつながるよ」と先生は言った。

私の小学生時代には、様々《さまざま》な種類の文学全集が出版《しゅっぱん》されていた。その中で、注文すれば毎月一冊《さつ》ずつ家に届《とど》けられる「少年少女世界文学全集」というのを私は買ってもらい、毎月の配本を楽しみにしていた。

そのほかに私の興味を引いたのは、『怪盗《かいとう》ルパン』や『シャーロック・ホームズの冒険《ぼうけん》』などの探偵《たんてい》ものや、ミステリーものだった。これらは、危険《きけん》な犯《はん》人《にん》を追いつめていくハラハラ、ドキドキの臨場感《りんじょうかん》、犯人は誰《だれ》かと推理《すいり》を働かせる謎解《なぞと》きの面白《おもしろ》さがいっぱいあり、読書の初心者《しょしんしゃ》である小学生に、時間を忘《わす》れて没頭《ぼっとう》する体験《たいけん》を与《あた》えてくれた。

こうして私《わたし》は、まずミステリーなどの本を読むようになったが、次第《しだい》に文学作品にも興味《きょうみ》を抱《いだ》くようになり、小学生から中学生のころに三十巻《かん》ほどの「少年少女世界文学全集」をもらい、高校生のときには、「世界文学全集」全四十八巻、「日本文学全集」全三十九巻をそろえるまでになっていた。だから、きっかけはどんな本であっても、いったん本の魅力《みりょく》を知れば、人はそこから様々《さまざま》な分野へと知識《ちしき》を広げて、人生が豊《ゆた》かになると私は思うのである。

人生は長いようでも、実際《じっさい》にはそんなに多くのことができるわけではない。例《たと》えば、日本人として生まれた人は、たとえ外国暮《ぐ》らしを経験《けいけん》したとしても、日本人として生まれたことが基礎《きそ》となって、その人生は展開《てんかい》する。他国人《たこくじん》としての経験はできないのだ。また、経験できる職業《しょくぎょう》の数も限《かぎ》られている。何回も職業を変えたとしても、すべての職業につくことはできない。当たり前のことであるが、一人の人間が一生で経験できることは、少ないのだ。

そんな限られた経験から、私たちは社会や世界のことを判断《はんだん》し、「良い」とか「悪い」とか思うのである。だから、その人の知識が狭《せま》く、経験も浅いと、とんだ誤解《ごかい》や間違《まちが》いを犯《おか》すことになる。

読書は、そんな欠陥《けっかん》を補《おぎな》うのに、大きな役割《やくわり》を果たすことができる。読書を通じて私たちは、様々な人の考えや人生経験を追体験《ついたいけん》し、地球上の色々《いろいろ》な文化や、風土《ふうど》の影響《えいきょう》なども理解《りかい》できる。すると、人や社会の良《よ》し悪《あ》しを自分の狭い知識や経験だけで判断したり、決めつけることをしなくなる。

私にはこんな経験がある。

仕事《しごと》で、イスラムの国をいくつか訪《おとず》れたことがあるが、当時二十代の私《わたし》はイスラムの国の制度《せいど》やイスラムという宗教《しゅうきょう》の信仰《しんこう》の内容《ないよう》については、何も知らなかった。だから、実際《じっさい》にイスラムの国に行っても、自分の先入見《せんにゅうけん》だけでその土地の人々を見ていた。当時の私にとって、イスラムは理解《りかい》できない最も遠いところに位置する宗教で、そんな信仰をもつ人々も理解の範囲《はんい》を超《こ》えていた。表面的な、ステレオタイプの見方で満足していたのだ。イスラム教は不自由な戒律《かいりつ》に縛《しば》られ、「一夫多妻《いっぷたさい》」という女性《じょせい》を低く見る習慣《しゅうかん》をもつから、時代遅《おく》れの宗教であり、私とは関係ない――こう長く思っていたから、イスラムを理解する必要性《ひつようせい》を感じることもなかった。

ところが、二〇〇一年に米国同時多発《たはつ》テロが起きた。イスラムをただの〝時代遅れの宗教〟と見ているだけでは、現代《げんだい》の世界の問題を理解できないことがわかった。そのため、生長《せいちょう》の家《いえ》でもイスラムについて勉強するようになった。そして二〇〇七年、アメリカで生長の家の国際教修会《こくさいきょうしゅうかい》*1が「イスラム」をテーマにして開催《かいさい》された時《とき》、カリフォルニア大学ロサンゼルス校のイスラム法学者の教授《きょうじゅ》が招待《しょうたい》され、印象深い講義《こうぎ》があった。翌年《よくねん》には、日本で同じイスラムについて教修会が開催された。そこでは、私も発表者の一人だったので、イスラムに関する本を十冊《さつ》以上読んだのだった。その結果《けっか》、自分のそれまでの知識《ちしき》がいかに狭《せま》く、浅いものであったかを痛感《つうかん》したのである。

イスラムは決して時代遅れでも、偏《かたよ》った不合理《ふごうり》な信仰でもなかった。真のイスラムは人類の文明、特にヨーロッパの文明に大きな影響《えいきょう》を与《あた》え、中世《ちゅうせい》には華《か》麗《れい》で豊《ゆた》かな文化を花開かせたのだった。寛容《かんよう》で、理性的《りせいてき》な信仰であるが、一方《いっぽう》で、現代のイスラム原理主義《げんりしゅぎ》のような過激《かげき》思想を生み、また政教一致《せいきょういっち》が生み

*1　生長の家総裁が、本部講師等を対象に教義の徹底をはかるための集まり。

出す問題も抱《かか》えている。

このように複雑《ふくざつ》なイスラムの歴史や思想のひろがりを、沢山《たくさん》の本を読むことによって、私《わたし》は知ることができた。その結果《けっか》、私の中でイスラムの信仰者《しんこうしゃ》に対する偏《かたよ》った見方が消えていった。

「自分は知らない」という事実《じじつ》を教えてくれるのが読書である。また読書は、自分の足りないところを補《おぎな》ってくれる。知ることの喜びを教えてくれる。自分の住む世界を広げてくれるのである。

二十一世紀になって、情報通信技術《じょうほうつうしんぎじゅつ》は急速に発達し、経済《けいざい》関係を含《ふく》めた世界のつながりはますます密接《みっせつ》になった。この時代を生きる私たちは、他国《たこく》の人でも基本的《きほんてき》には人間同士は理解《りかい》し合えるものだという認識《にんしき》をもつと共《とも》に、他国の人々の歩んできた歴史や文化を知ることが大切だ。そうしなければ、すでに狭《せま》い世界がいよいよ狭くなる中で、人々が平和に共存《きょうそん》していくことは難《むずか》しいだろう。

人間の無知《むち》や偏見《へんけん》が戦争へとつながった例は、数多くあるのである。

命《いのち》の〝土台《どだい》〟を見つめる

人類の数は七〇億人《おくにん》を超《こ》え、二〇一六年には、七四億人になった。世界人口は、この百年少しで三・五倍に増《ふ》え〝人口爆発《ばくはつ》〟とも呼《よ》ばれている。

現在《げんざい》の人類は約二十万年前にアフリカで生まれた現生《げんせい》人類の子孫であると言うことだ。私《わたし》たちは、アフリカにいたただ一人の〝イブ〟を先祖《せんぞ》とし、二十万年の間に世界中に散らばっていき、気候《きこう》、風土《ふうど》の影響《えいきょう》を受けながら多様《たよう》な人種、民族《みんぞく》に分かれていったということらしい。

人類学や考古学《こうこがく》の知識《ちしき》のない私は、このような人類誕生《たんじょう》の神秘《しんぴ》や環境《かんきょう》への適応《てきおう》の足跡《あしあと》を聞くと、命というものの計り知れない力に驚嘆《きょうたん》し、その謎《なぞ》に心を躍《おど》らせる。もとは〝一つ〟であったものが、今は〝七〇億〟に多様化《たようか》することの不思議《ふしぎ》……。紀元《きげん》一世紀ごろの世界の人口は約二億人だから、その後の二千年で、人口は三十五倍になった。

一人の人間が今ここに生きているのは、先祖からの血がずっと受《う》け継《つ》がれてきたからだ、とはよく言われる。その途中《とちゅう》、もし誰《だれ》か一人でも欠けたら、当然のことながら今のその人は存在《そんざい》しない。この二十万年の〝命のリレー〟を通して、今の私たちがある。

日本人の私の場合、先祖はアフリカから中東《ちゅうとう》、ユーラシア大陸、東アジアなどの地域《ちいき》を移動《いどう》して、やがて、いつの時代にか日本列島にたどり着いたのだろう。だから、二十万年分の〝記憶《きおく》〟が、私《わたし》の肉体的形質《けいしつ》や心の動きの中に受《う》け継《つ》がれているのである。

「七〇億《おく》」という数は、日常《にちじょう》見聞きする数字としてはあまりにも多いから、私たちは「人が生きる」のは特別なことではなく、当たり前だと考えがちだ。ところが現実《げんじつ》には、厳《きび》しい自然や社会環境《かんきょう》の中で飢《う》えや恐怖《きょうふ》を乗《の》り越《こ》え、事故《じこ》や災害《さいがい》など幾多《いくた》の困難《こんなん》も潜《くぐ》り抜《ぬ》けて生き延《いの》びてきたのである。だから、私たちがいま個々《ここ》に生きているという事実《じじつ》は、本当は「奇跡《きせき》」と言ってもよい。

その一方《いっぽう》で、人間の魂《たましい》は永遠《えいえん》に生き通しで、何度《なんど》も生まれ変わるのだといわれる。このことを現実のこととして理解《りかい》した時《とき》私は、過去《かこ》に生きた人に対する考え方が少し変わった。以前《いぜん》は昔《むかし》の人の生活や、置かれた環境のことに思いを馳《は》せ、現在《げんざい》と比《くら》べて苦労の多い生活でさぞ大変だっただろう……などと気の毒に思うことがあった。ところが、人間が生まれ変わるものだとすれば、この私自身が、過去のいつかの時代に生きていたことになる。すると、その大変さや苦労を経験《けいけん》したのは、当《とう》の私だったのかもしれないのである。そう考えると、昔の人との距離《きょり》は薄《うす》らいでいくのだった。

こんな私の感想を、いつか夫《おっと》に話したことがある。すると夫は、

「しかし、今の自分には記憶がないんだから、頭で考えるだけでしょう」

と言った。

そう言われればそのとおりである。過去の生まれ変わりの人生では、現在とは違《ちが》う肉体的特徴《とくちょう》で、別の国に生まれていたかもしれない。その時の記憶は意《い》識《しき》の表面には現《あらわ》れてこない。だから、「つまらない」と言えないことはないが、逆《ぎゃく》に、それだからこそ、今の人生を全《まった》く新しいものとして積極的に生きること

ができるのである。

ところが稀《まれ》に、過去《かこ》の生まれ変わりの記憶《きおく》をもつ子供《こども》がいるらしい。そういう人々を対象に研究をしている心理学者のグループもいて、『前世《ぜんせ》を記憶する子どもたち』（イアン・スティーヴンソン著《ちょ》、日本教文社刊《にっぽんきょうぶんしゃかん》）などの本が出ている。このような実例は、人間の命《いのち》がこの世だけのものではなく、肉体が滅《ほろ》びても続くことの実証《じっしょう》には大変有効《ゆうこう》である。けれども、現実《げんじつ》問題としては、過去の記憶をもつ子供たちはそれに縛《しば》られてしまうため、現在《げんざい》の自分の環境《かんきょう》に適応《てきおう》できず困難《こんなん》な人生を歩むこともあるそうだ。

例《たと》えば、前世で裕福《ゆうふく》な家庭で育ち、大勢《おおぜい》の召使《めしつかい》にかしずかれていた場合、その記憶が残っていると、今の貧《まず》しい人生を不満に思うのである。そして、今の家族よりも過去の家族を懐《なつ》かしく思い、目の前の生活を真面目《まじめ》に送ることが難《むずか》しくなるという。ただし、これら前世の記憶はほとんどの場合、三歳《さい》ぐらいまでの早期小児期《しょうにき》に限《かぎ》られ、それ以降《いこう》は記憶が消滅《しょうめつ》することが多いらしい。

個人《こじん》の魂《たましい》は、個性《こせい》の連続性《れんぞくせい》を保《たも》ちながら、新たな経験《けいけん》を魂《たましい》に刻《きざ》んで生長《せいちょう》していく。そして、通常《つうじょう》は前世の記憶に縛《しば》られず、見るもの聞くもの皆新鮮《みなしんせん》で、「新しい体験《たいけん》」として感動しながら人生を送るのである。

私《わたし》たちに普通《ふつう》、前世の記憶がないのは、そういう新鮮な人生を送ることに価《か》値《ち》があり、喜びや生きがいが生まれ、それを通じて魂が生長するからである。

〝失われた過去〟に執着《しゅうちゃく》しているのでは、暗い人生を送ることになる。今の人生を肯定《こうてい》しなければ、意義《いぎ》ある生き方はできないのである。

明るい人生観は、〝生命の元〟である親や先祖《せんぞ》に対して、感謝《かんしゃ》の気持を持つことで得られるだろう。なぜなら、先祖への感謝とは、自分がこの世に存在《そんざい》する前提《ぜんてい》を肯定《こうてい》することだからだ。親や先祖《せんぞ》への感謝《かんしゃ》は、自分の生《せい》の価値《かち》を認《みと》めることでもある。

親を恨《うら》んだり、「頼《たの》みもしないのに、勝手に生んだ」というような感謝のない気持でいると、生きていることに価値を見出《みいだ》せなくなる。すると、その人生は困難《こんなん》の多いものとなるだろう。私《わたし》たち一人一人の人生は、その人自身が心に強く想《おも》う通りに展開《てんかい》するからだ。

親を否定《ひてい》することは、自分の人生を否定することにつながるから、生長《せいちょう》の家《いえ》では「神に感謝しても、父母《ちちはは》に感謝できないものは、神の心にかなわぬ」と説《と》いていて、親への感謝が幸福な人生の根本《こんぽん》だと教えている。

もし、両親に感謝できないときは、まず朝起きた時に「おはよう」と言ってみよう。親は時《とき》に自分を愛していないように見えるかもしれないが、それはあくまでも外見であり、親というものは常《つね》に心の底で子供《こども》のことを思っている。そして、子供からの慕《した》わしい言葉《ことば》を待《ま》っているのだ。

幸せな人生は、ささやかな良い言葉の積み重ねで実現《じつげん》する。勇気を出して、良い言葉を毎日使おう。親や先祖への感謝で、人生が好転し成功を収《おさ》めた人は、数限《かずかぎ》りなくいる。それが人の命《いのち》の〝土台《どだい》〟であるからだ。

多角的《たかくてき》な視点《してん》をもとう

「あなたは自分の国を愛していますか？」

このように質問《しつもん》されたら、多くの日本人は、

「はい好きです」

と答えるだろう。

しかし、その一方《いっぽう》で、「〝愛する〟という言葉《ことば》は大《おお》げさだし、そんなことを意《い》識《しき》して考えたことはない」とか、「もっと素晴《すば》らしい国ならば愛することがで

きるけど、今の状態《じょうたい》では……」

などと答える人もいるに違《ちが》いない。

ところが、海外に目を向けると、先進諸国《せんしんしょこく》への仲間入りを目指《めざ》して、政府《せいふ》と国民が一つになり、共通の目標に向かっている国の場合、愛国心の表現《ひょうげん》はもっと率直《そっちょく》なことが多い。だから、こんなスローガンが唱《とな》えられていても、おかしくない。

「私《わたし》たちの国は、世界に類《るい》を見ない歴史と文化をもつ素晴らしい国で、世界をリードする特別の使命《しめい》がある」

こういう考えは、政治家《せいじか》が国を治めるためには有効《ゆうこう》で、一見《いっけん》問題がないように思われる。世界の国々がバラバラに成立し、外国と頻繁《ひんぱん》に交流《こうりゅう》がなく、一国《いっこく》の安定と平和だけを考えていれば良い時代だったら、この考えでも問題が起こることはないかもしれない。

ところが、現代《げんだい》という時代は、ある国や地域《ちいき》で起こったことが、即座《そくざ》に国内だけではなく世界各地に伝わる。だから、「自分の国だけが特別に素晴《すば》らしい」という考え方は「他国《たこく》は劣《おと》っている」というメッセージに受け取られやすく、国際《こくさい》問題を引き起こす原因《げんいん》にもなる。

国を愛するとは、自分の国の利益《りえき》を第一にすることだと思っている人もいる。この考え方の背景《はいけい》には、過去《かこ》の歴史の見方がある。具体的には、世界の国々は皆《みな》、自分の国の利益だけを追求《ついきゅう》しているから、そういう生存《せいぞん》競争の世界では、うかうかしていたら不利な立場に置かれたり、損《そん》をすることになる、と考えるのだ。

中世《ちゅうせい》から近代《きんだい》の歴史を振《ふ》り返《かえ》ると、確《たし》かに国と国とが利権《りけん》や領土《りょうど》の奪《うば》い合《あ》いをして、強い国が貧《まず》しく弱い国を侵略《しんりゃく》し、植民地《しょくみんち》にしてきた。また、その後は世界中を巻《ま》き込《こ》んだ戦争が起こり、結局《けっきょく》、世界は勝者と敗者に分かれた。世界戦争の後《あと》には、核戦争《かくせんそう》の脅威《きょうい》にさらされた〝冷戦《れいせん》〟の中で、共産主義《きょうさんしゅぎ》と自由主義の緊迫《きんぱく》したせめぎ合いがあった。

やがて、ベルリンの壁《かべ》の崩壊《ほうかい》に象徴《しょうちょう》されるように、東西冷戦は終結した。そして今世界は、新たな時代を迎《むか》え、お互《たが》いに協力しながら共存共栄《きょうそんきょうえい》をはかる中で、地球温暖化《おんだんか》や貧困《ひんこん》などの人類全体が直面する問題を解決《かいけつ》しなくてはいけない重要な時期にいるのである。

これらの問題は、一国《いっこく》の利益だけを考えていては解決できないから、これまでのような〝自国中心《じこく》〟の考え方は改《あらた》めなければならないのだ。だから、見方を変えれば、地球温暖化などの地球規模《きぼ》の問題は、国家と国家が覇権《はけん》争いの歴史を乗《の》り越《こ》えて、平和共存《きょうぞん》に向かうための素晴《すば》らしい機会《きかい》であると見ることができる。

私《わたし》は日本人であるから、日本という国に愛着《あいちゃく》を感じ、この国の素晴らしさを理解《りかい》し、大《おお》いなる恩恵《おんけい》を受けていることに感謝《かんしゃ》している。そして、国を愛する気持も十分に持ち合わせていると考えている。しかし、だからと言って、自分の国がどこの国よりも優《すぐ》れているとは思わない。もちろん、私にとっては一番好《この》もしい国ではあるが、それは、どの国の国民にとっても、自国《じこく》を「好もしく」感じるのと同じである。それでも、他国《たこく》の個性《こせい》や素晴らしさを認《みと》め、意見の相違《そうい》があっても、お互《たが》いの考え方を尊重《そんちょう》することが、二十一世紀の世界に必要なものの見方である。

一九七〇年代半《なか》ばのことである。当時私は航空会社に勤《つと》めていて、旧《きゅう》ソ連《れん》のモスクワに行く機会があった。世界が自由主義《しゅぎ》と共産主義《きょうさん》に二分《にぶん》し、日本人の私から見れば、ソ連は反対陣営《じんえい》の総帥《そうすい》である〝恐《おそ》ろしい国〟だった。だから、その国に住む人々も、私たちとは質《しつ》が違《ちが》う〝特殊《とくしゅ》な人々〟だと思っていた。国の政治《せいじ》・経済体制《けいざいたいせい》と、そこに住む人を同一視《どういつし》していたのである。

ところが、実際《じっさい》にモスクワに行って数日を過《す》ごすうちに、私は自分の考えが間違《まちが》っていたことに気がついた。どんな政治体制であろうと、またどのような地理的条件《じょうけん》であろうとも、人間の営《いとな》みと人の気持に基本的《きほんてき》な違いはないということがわかった。国のトップに独裁者《どくさいしゃ》やテロ容認者《ようにんしゃ》がいる国は今でもあるが、その国に暮《く》らしているのは皆《みな》、普通《ふつう》の人々だということだ。当たり前といえば当たり前のことだが、この「人間への信頼《しんらい》」が、これからの世界には最も必要なことだと思う。

「国を愛する」ということが、他国《たこく》を排斥《はいせき》する方向に進まないことが大切だ。サッカーの試合《しあい》などのスポーツ・イベントでは、愛国心が極端《きょくたん》に出ることがある。自国《じこく》のチームを応援《おうえん》することは、何《なん》の問題もない。が、国際《こくさい》問題を抱《かか》えた国との試合の場合、スポーツの試合が一種《いっしゅ》の〝代理《だいり》戦争〟のようになり、乱闘《らんとう》騒《さわ》ぎになることがある。これなどは、偏狭《へんきょう》な愛国心の現《あらわ》れである。こんな行動を、個人《こじん》と個人の関係に置《お》き替《か》えると、「利己主義《りこしゅぎ》で狭《せま》い心の人」ということになる。

『朝日新聞』の土曜版《どようばん》に、「悩《なや》みのるつぼ」という、面白《おもしろ》い相談コーナーがある。少しユーモアのある質問《しつもん》が多く、時《とき》には「本当の悩みだろうか」と思うこともあるが、回答がまた振《ふ》るっているので、私《わたし》は毎週楽しみに読んでいる。ある週の質問は、次のようなものだった。

「何事《なにごと》も、自分中心に考え、自分の家族の利益《りえき》を優先《ゆうせん》してしまいます。高校生の息子《むすこ》がサッカー部に属《ぞく》していますが、先日も補欠《ほけつ》でした。そこで、レギュラーの選手がけがをして、息子が代わりに試合に出場できないかと、そんなことを願ってしまいます。こういう考えの私は、いけないでしょうか。幸せにはなれないでしょうか。」

記憶《きおく》から書いたので細部は正確《せいかく》でないかもしれないが、大体《だいたい》こんな内容《ないよう》の質問だった。それに対する回答は、はっきりしていた。長い説明のあとで、「あなたのような人は、幸せにはなれません」と結論《けつろん》していた。

私たちは、個人の生活では自分中心に物事《ものごと》を考えがちだが、それがいけないということも知っていて、正《ただ》そうとする。この質問者《しつもんしゃ》も、他人の不幸を期待《きたい》するような自分の心に、後《うし》ろめたさを感じているからこそ、このような質問をしてきたのだと思う。

ところが、「国益《こくえき》」とか「愛国」という問題になると、人間のこの理性《りせい》が働かない傾向《けいこう》にある。それは、私《わたし》たちが過去《かこ》の経験《けいけん》に基《もと》づいて考えるからで、「国と国とは利害が対立する」という歴史的経験が、潜在意識《せんざいいしき》の中に根深《ねぶか》く残っているからだろう。

二十一世紀の地球規模《きぼ》の色々《いろいろ》な問題を解決《かいけつ》するためには、私たちは自国《じこく》中心の考えを変えていかなければならない。人類は「ヒト」という生物《せいぶつ》だけでは生《せい》存《ぞん》できないのだ。また、現在《げんざい》の国家は、一国《いっこく》だけでは何もできない。私たちは一国の国民であると同時に、地球に棲《す》む人類の一員《いちいん》であり、他《た》の生物と生態系《せいたいけい》を共有している。そういう〝多角的《たかくてき》な視点《してん》〟を忘《わす》れず生きていきたいと思う。

郵便はがき

料金受取人払郵便

赤坂支店
承認
5245

差出有効期間
2020年3月
31日まで

107-8780

235

東京都港区赤坂
9-6-44

日本教文社
愛読者カード係行

ご購読ありがとうございます。本欄は、新刊やおすすめ情報等のご案内の資料とさせていただきます。ご記入の上、投函下さい。

(フリガナ)
お名前　　男・女／年齢　　歳

ご住所　〒
都道府県　市区町村

電話　(　　)　e-mail　@

ご職業　ご購読新聞・雑誌名

よく使うインターネットサービス名

下記の小社刊の月刊誌を購読されていますか。
□いのちの環　□白鳩　□日時計24
(見本誌のご希望　□いのちの環　□白鳩　□日時計24)

・新刊案内　□希望する　・おすすめ情報の案内　□希望する
・図書目録　□希望する　・メルマガ(無料)　□希望する

愛読者カード

今後の参考にさせていただきます。本書のご感想・ご意見をお寄せ下さい。

◇今回ご購入された図書名

◇ご購入の動機

1. 書店で見て
2. インターネットやケータイサイトで
3. 小社の案内を見て
4. 小社の月刊誌を見て
5. 新聞広告を見て(紙名　　　　　　　　)
6. 人に勧められて
7. プレゼントされた
8. その他(　　　　　　　　　　　　　　)

◇ご感想・ご意見

*いただいたご感想を小社ホームページ等に掲載してもよろしいですか?
□はい　□匿名またはペンネームならよい(　　　　　　　)　□いいえ

◇今後お読みになりたいと思う本の企画(内容)や作者

◇小社愛読者カードをお送り下さるのは今回が初めてですか。

□はい　□いいえ(　　　回め)

◆ご注文カード◆

書　名	著者名	定価	冊数

*ご注文は電話、FAX、e-mail、ホームページでも承っております。
*国内送料:一件2000円(税込)以上=送料無料、2000円(税込)未満=送料210円

◇ご記入いただいた個人情報は、小社出版物の企画の参考とさせていただくとともに、ご注文いただいた商品の発送、お支払い確認等の連絡および新刊などの案内をお送りするために利用し、その目的以外での利用はいたしません。

日本教文社
TEL03-3401-9112　FAX03-3401-9139
https://www.kyobunsha.co.jp

*アンケートはPCやケータイ、スマートフォンからも送ることが可能です。

第3章★結《けっ》婚《こん》のこと

伴侶《はんりょ》は必ずいる

「理想の相手に巡《めぐ》り合《あ》い、結婚《けっこん》したい」

「結婚したら、幸せになれる」

こんな風《ふう》に結婚に理想を求めている人も多いようだ。理想の相手がどこかにいて、いつか巡り合い、結婚できれば幸せになれるというものだ。

人の出会いは様々《さまざま》で、幼馴染《おさななじみ》との結婚というのがある。幼《おさな》い時《とき》からよく知っていて、年頃《としごろ》になり自然な形で結婚に至《いた》ったというものだ。また、学校が一緒《いっしょ》だったとか、職場《しょくば》が同じでやがて結婚したという場合もある。あるいは共通の友人を通じて知り合い、交際《こうさい》が始まり結婚することになったなど様々だ。これらはみな、比較的《ひかくてき》スムーズに出会いから結婚に至った例ではないかと思う。

その一方《いっぽう》で、結婚はしたいが、この人という相手になかなか巡り合えないという人もいる。

「なぜ自分には相手がいないのだろうか」

そんなことを思うかもしれないが、結婚という人生の一大事《いちだいじ》は、その人の心と深くかかわっている。表面的には、結婚を望んでいても、自分の心で色々《いろいろ》な条件《じょうけん》を作り、それに当てはめて周《まわ》りを見たり、あるいは自分で自分の心を制《せい》限《げん》していることもある。奥底《おくそこ》の心すなわち潜在意識《せんざいいしき》で結婚は難《むずか》しいと思っていたり、結婚はしたいが束縛《そくばく》されるのが嫌《いや》だなどと思っていることもある。こういう人の場合、現在意識《げんざいいしき》と潜在意識《せんざいいしき》が分裂《ぶんれつ》していて、潜在意識の思いが現実《げんじつ》世界に強く影響《えいきょう》を及《およ》ぼすので、結婚《けっこん》の成就《じょうじゅ》を邪魔《じゃま》していることもある。

私《わたし》も二十代のはじめ、周《まわ》りの人が次々《つぎつぎ》に結婚していく中、この人と思う人がおらず、不安に思ったことがある。そんなある日、道を歩いている時《とき》、突然《とつぜん》ひらめきのように、きっとこの世界のどこかに、私のことをわかってくれる人がいるという思いが湧《わ》いてきた。何故《なぜ》そのときそんな確信《かくしん》を得られたのかとよく考えてみると、当時の私は、生長《せいちょう》の家《いえ》の青年会《せいねんかい》の活動に熱心だった。一九七〇年代半《なか》ばで世界は冷戦下《れいせんか》にあり、日本国内は左右両陣営《りょうじんえい》に分かれ、緊迫《きんぱく》した状況《じょうきょう》だった。

当時航空会社の乗務員《じょうむいん》をしていた私は、ソ連《れん》や中国に行き、共産主義《きょうさんしゅぎ》社会の現状《げんじょう》を垣間見《かいまみ》ていた。また、中東《ちゅうとう》のベイルートなどでは、空港で飛行機の窓《まど》からの写真撮影《さつえい》が禁止《きんし》され、経由地《けいゆち》で空港に降《お》りることも許《ゆる》されない緊迫した状況を経験《けいけん》していた。当時は赤軍《せきぐん》などによるハイジャック事件《じけん》も頻繁《ひんぱん》だった。世界はそんな情勢《じょうせい》で、日本を共産主義の国にしてはいけないと、二十代の若《わか》い女性《じょせい》だった私も、それなりに懸命《けんめい》だった。

仕事《しごと》以外のプライベートな時間のほとんどは、生長の家の活動に使っていた、そんな時のことである。何故《なぜ》私はこんなに一所懸命《いっしょけんめい》に生きているのだろうかと、一瞬《いっしゅん》自分を客観視《きゃっかんし》したのだ。自分の活動の目的は明らかであるし、周りに仲間もいる。けれどもそれだけでは満足できないものがあった。それは自分の活動を理解《りかい》してくれる伴侶《はんりょ》を求める気持だった。しかし目の前の現実《げんじつ》にその人はいない。

そんな状況下《じょうきょうか》で、「あなたはよくやっているじゃない」と自分で自分を認《みと》めるような気持になった。すると、目には見えないがこの世界に私《わたし》を確《たし》かに理解《りかい》してくれる人がいるという思いが、ふっと出てきたのだ。それは揺《ゆ》るぎない強いもので、不思議《ふしぎ》な感覚だったが、その時以来《ときいらい》私に不安が無くなった。やがて程《ほど》なくして、夫《おっと》との出会いがあった。

別々《べつべつ》の環境《かんきょう》で生《せい》を享《う》けた二人が巡《めぐ》り合《あ》い、結婚《けっこん》するというのは、不思議といえば不思議なことである。ある時まで、違《ちが》った家庭で成長し生きてきた二人が、結婚によって協力して人生を歩んでいくのだ。そこには目には見えないが、強いつながりがあるのだろう。

かつては結婚せずに一人でいると、社会的に認《みと》められないことも多く、男性《だんせい》も女性《じょせい》も不自由なことが多かった。ところが現代《げんだい》は個人主義《こじんしゅぎ》が進み、色々《いろいろ》なサービスや流通の発達により、独身《どくしん》生活の不便さが少ない。沢山《たくさん》の選択肢《せんたくし》があり、誰《だれ》にも束縛《そくばく》されない自由を謳歌《おうか》することもできる。そういう生活と結婚を秤《はかり》にかけると、人によっては結婚が、後《うし》ろの方《ほう》に追いやられることもあるだろう。結婚はあえていうなら、束縛を前提《ぜんてい》としている。お互《たが》いに相手のために自分を与《あた》えるのが結婚だからだ。

女性が望む結婚相手の理想の条件《じょうけん》として、三高《さんこう》が挙げられたことがあった。三高とは、高学歴《こうがくれき》、高収入《こうしゅうにゅう》、高身長《こうしんちょう》を言うそうだが、これらは人の本質的《ほんしつてき》な内面《ないめん》の価値《かち》とはあまり関係ない要素《ようそ》である。

高学歴の人の場合、知識《ちしき》が豊富《ほうふ》ということはあるかもしれない。けれどもそれは必ずしも、その人の人格《じんかく》が優《すぐ》れているわけではない。他《た》のメリットとしては、仕事《しごと》の選択肢が多いとか、高学歴の夫なので自尊心《じそんしん》が満足するという面もあるだろう。

収入《しゅうにゅう》に至《いた》っては、その時《とき》の社会の状況《じょうきょう》によって変化するから、結婚時《けっこんじ》の高い収入などはあてにならない。身長が高いというのは、外見的なことで、内面《ないめん》とは全《まった》く関係ない。

三高《さんこう》が理想といっても、「そうであればいいなあ」くらいの軽い願望《がんぼう》かもしれない。が、このような言葉《ことば》が出てくること自体が、結婚をどう見ているかを象徴《しょうちょう》しているように思われる。

ほとんどの人が結婚を望んでいるが、成就《じょうじゅ》しないのは、やはりその人の心と大《おお》いに関係する。その人に本心《ほんしん》から結婚したいという思いがある限《かぎ》り、必ず相手はいるのだ。その相手が現《あらわ》れてこないのは、前述《ぜんじゅつ》のように心で色々《いろいろ》な条件《じょうけん》を付けたり、制限《せいげん》をしているからだ。目に見えない人の存在《そんざい》を信じることは、とても難《むずか》しいことのように思われるかもしれない。人間はどうでもいいようなことにこだわり、強く執着《しゅうちゃく》していることがある。三高などもその一つであるが、必ずいる結婚相手というのは、自分に相応《ふさわ》しい人ということなのだ。相応しくない人は目の前に現れてこない。だから条件を付けたり、あれこれ悩《なや》む必要はない。

人生に伴侶《はんりょ》がいるということは、大きな喜びであるし、人生を豊《ゆた》かにしてくれる。花を見、空を見上げ、本を読み、映画《えいが》を見て、語り合う人がそばにいることは、幸せなことである。

一人よりも二人の生活は、人生の幅《はば》が広がり豊かさが実現《じつげん》する。一＋《たす》一は二ではなく、無限《むげん》の広がりを持つものだ。

手づくりの結婚《けっこん》

人は自分の仕事《しごと》を選んだり、住居《じゅうきょ》を定《さだ》める時《とき》、周囲《しゅうい》の様々《さまざま》な条件《じょうけん》を意識《いしき》して「ここだ」と決める場合と、理由はよく分からないが、何かに導《みちび》かれるように、あるいは不思議《ふしぎ》な人とのつながりの中で「こうなった」という場合がある。後《こう》者《しゃ》のことを普通《ふつう》〝縁《えん》〟と言うが、人と人との巡《めぐ》り合《あ》いには、「なぜ?」と考えても答えがよく分からない不思議な繋《つな》がりがあるものだ。

中《なか》でも、結婚に至《いた》る男女の巡り合いには、説明を超《こ》えた〝縁〟があることを思わずにはいられない。現代《げんだい》の結婚は恋愛《れんあい》によるものが多く、人の紹介《しょうかい》やお見《み》合《あ》い等《など》であっても、最終的には本人《ほんにん》の意思が尊重《そんちょう》されるのが普通《ふつう》である。ところがつい数十年前までは、ほとんどの人の結婚は、親が決めた相手との結婚だった。特に女性《じょせい》は、相手がどのような性格《せいかく》であるかもわからないまま結婚する場合も多かった。一生を共《とも》にする伴侶《はんりょ》を選ぶ重大事《じゅうだいじ》に、相手の人柄《ひとがら》や性格も知らないまま、目隠《めかく》しのような状態《じょうたい》で臨《のぞ》むのである。今の私《わたし》たちの感覚からすれば、とても信じられない話に思える。

しかし、そうかといって、近頃《ちかごろ》の結婚が理想的というわけでもない。特に離《り》婚率《こんりつ》が高い現代、若者《わかもの》は結婚することに臆病《おくびょう》になっている。まず結婚前に生活を共にして、相手のことを良く理解《りかい》してから結婚する人々も少なくない。この傾向《けいこう》は、アメリカやヨーロッパ諸国《しょこく》で顕著《けんちょ》にみられるようだ。しかし、そういう国々で離婚率《りこんりつ》が高いのだから、相手のことがよく分かっていれば、またリハーサルをしたからと言って、結婚《けっこん》生活が永続《ながつづ》きするわけでもないようだ。

人生は、多くのことが〝親和《しんわ》の法則《ほうそく》〟で成り立っている。自分に似《に》た心や傾向《けいこう》をもつ人が友人になり、夫《おっと》や妻《つま》となるのである。私《わたし》たちは、自分と心の〝波長《はちょう》〟が近い人を呼《よ》び寄《よ》せるのだ。そして、そういう人々が、良くも悪くも私たちの人生に重大な役割《やくわり》を果たしてくれる。

「良くも悪くも」と書いたのは、呼び寄せられる人は、いわゆる〝良い人〟ばかりではないからだ。自分の心の波が〝良い状態《じょうたい》〟になく、人のことを悪く言ったり、不満をいっぱい口にしたり、悲観的なことを思う状態であれば、その心に相応《ふさわ》しい、似た状態の心の人が自分の周《まわ》りに引《ひ》き寄《よ》せられる。だから、一見《いっけん》〝悪人《あくにん》〟や〝妨害者《ぼうがいしゃ》〟と見える人も、自分の足りないところを見せ、教えてくれる〝鏡《かがみ》〟の役割をはたしている。そのことが理解《りかい》できると、私たちの人生に起こる出来事《できごと》は皆《みな》、教師《きょうし》や助言者《じょげんしゃ》の〝声〟であり、悪いことは何もないということがわかる。人間が今よりもさらに素晴《すば》らしい人格《じんかく》を輝《かがや》き出《だ》すために、私たちの人生は細部まで設計《せっけい》されているると言えるのである。

けれども、ここに一つ落《お》とし穴《あな》がある。人間には「自分はこうしたい」「こうでなくてはならない」「これが正しい」などと、自分の立場に固執《こしつ》する傾向がある。この「自分優先《ゆうせん》」の考えが、周囲《しゅうい》の人に対して謙虚《けんきょ》な気持になることを妨《さまた》げる働きをする。人生の悩《なや》みは、これらの執着心《しゅうちゃくしん》から生《しょう》ずることが多いのである。

そう考えてくると昔《むかし》、相手をよく知らないまま結婚生活に入った人たちは、必ずしも不幸でないということが分かる。自己主張《じこしゅちょう》をせず、謙虚な気持で結婚に真剣《しんけん》に臨《のぞ》むことで、自己変革《じこへんかく》が遂《と》げられるからだ。また、そういう結婚《けっこん》も、ある意味では〝不自然〟ではないかもしれない。なぜなら、人と人との縁《えん》は、結婚も含《ふく》めて〝親和《しんわ》の法則《ほうそく》〟で成り立つからだ。全《まった》く無関係で、心の波長《はちょう》の異《こと》なる人とは結局《けっきょく》、結婚することにはならないからだ。

先日、生長《せいちょう》の家講習会《いえこうしゅうかい》でこんな質問《しつもん》があった。結婚を前提《ぜんてい》に交際《こうさい》している相手が、とても排他的《はいたてき》な宗教《しゅうきょう》を信仰《しんこう》しているので、どうすればいいかというものだった。

質問に答えて総裁《そうさい》＊1は、

「相手の人と、良く話し合ってみることですね。そして、相手が生長の家も認《みと》めるのか、それとも自分の宗教に改宗《かいしゅう》しなくてはいけないと言うのか、その考えを知って、それでもあなたが良いと思うなら結婚されてもいいと思いますよ。

＊1　谷口雅宣・生長の家総裁。

ただ信仰は、人生観とも大きく関《かか》わってきますから、それが極端《きょくたん》に違《ちが》う場合、結婚生活にはそれなりの覚悟《かくご》がいると思います」

そんな趣旨《しゅし》の答えだった。

信仰というものは、その人の生活と大きく関わるから、できれば同じ信仰の人同士が結婚することが望ましい。けれども、同じ信仰だからといって、結婚生活が必ずうまくいくとは限《かぎ》らない。人生は、自分の心に相応《ふさわ》しいものが、自分の目の前に展開《てんかい》してくる。だから、相手に常《つね》に何かを要求して、「ほしいほしい」という気持でいれば、相手も同じく「ほしいほしい」と要求する。これではぶつかり合うだけだから、相手のために「何かしてあげたい」という気持でいつも暮《く》らせば、豊《ゆた》かに与《あた》えられる生活が展開してくるものである。

だから私《わたし》たちの人生は、わかり易《やす》いと言えばわかり易いのである。与える者は与《あた》えられ、奪《うば》う者は奪われる。明るい心の人の周《まわ》りには、その心に相応《ふさわ》しいものが現《あらわ》れ、不平不満の暗い心を常《つね》に持っていると、その心に相応しい環境《かんきょう》になるということだ。

結婚《けっこん》は、決して宝《たから》くじを当てるようなものではなく、心の状態《じょうたい》の近いもの同士が惹《ひ》き合って結局《けっきょく》、自分に相応しい相手と結婚することになる。だから、どんなきっかけで結婚することになったとしても、その縁《えん》を大切にして、相手は自分の人生を豊《ゆた》かに向上《こうじょう》させるための伴侶《はんりょ》であると考えることだ。そして、何《なに》事《ごと》も相手の喜ぶようにと心がければ、やがて「この人と一緒《いっしょ》で本当によかった」と思うような結婚生活が得られるだろう。

結婚生活とは、打算《ださん》や条件《じょうけん》の一致《いっち》で続くものではなく、二人の〝手作り〟で築《きず》き上《あ》げていく時《とき》、人生の妙味《みょうみ》として味《あじ》わえるものだと思う。

二人の作品

最近ある方《かた》からお手紙をいただいた。その方Aさんは、約十五年前にご主人を病気で亡《な》くされた。二人の子供《こども》があったが、夫亡《おっとな》き後《あと》も、その子らを女手《おんなで》一つで育て上げられた。子供のうち一人はすでに結婚して孫《まご》も生まれ、もう一人も社会人として立派《りっぱ》に生活しているそうだ。幼《おさな》い子供のいる中で夫を亡くしても、悲しみから立ち上がり、たくましくも明るく生きてこられたことを知り、私《わたし》はさわやかな感動を覚《おぼ》えた。

Aさんは、私《わたし》の夫《おっと》*1のエッセイ集『目覚《めざ》むる心地《ここち》』(生長《せいちょう》の家刊《いえかん》)を読まれて、「結婚《けっこん》もいいなあ」とふと思ったそうだ。その本には、私たち夫婦《ふうふ》のことがいろいろ書いてある。ようやく子育てを終《お》え肩《かた》の荷が降《お》りたAさんは、今後の自分の人生について考えておられるのかもしれない。良縁《りょうえん》に巡《めぐ》り合《あ》ってほしい、と私は思った。

夫と私の結婚生活は、二〇〇九年の秋に三十周年を迎《むか》えた。私たちは、夫の誕生日《たんじょうび》が私より二週間早いだけの同《おな》い歳《どし》で、二十七歳《さい》の時《とき》結婚した。結婚前の三年間、夫はアメリカに留学《りゅうがく》していた。そのため私たちは、主に手紙を通じて交際《こうさい》した。そして、夫が帰国して約半年後に結婚した。

夫は新聞記者となり、横浜支局《よこはましきょく》に勤務《きんむ》した。私は航空会社の乗務員《じょうむいん》だったから、共働《ともばた》きで新生活を始めた。駆《か》け出《だ》し記者の夫には、週一回の泊《と》まり勤務が

*1　谷口雅宣・生長の家総裁。

あった。私は当時国内線に勤務替《が》えしていたが、三日働いて一日休み、また三日働いて二日休み、というような勤務パターンを繰《く》り返《かえ》していて、互《たが》いに〝すれ違《ちが》い〟の多い生活だった。

そんな中《なか》、結婚後約一カ月でお正月を迎えた。私は十二月三十一日まで仕《し》事《ごと》があり、夫は三十一日が出勤日《しゅっきんび》で、大晦日《おおみそか》はそのまま泊り勤務だった。私は、夫と初めて迎えるお正月を大切にしたかった。だから、大晦日の夜に乗務を終えて帰宅《きたく》し、明《あ》け方《がた》の二時から三時までかかっておせち料理を作った。当時住んでいたのは、東急東横線《とうきゅうとうよこせん》の菊名駅《きくなえき》の近くだったから、私は、そこから支局のある桜木町《さくらぎちょう》まで電車に乗り、夫の職場《しょくば》におせち料理を運んだのである。殺風景《さっぷうけい》な新聞社の支局でのお正月も、二人にとってはこっそりと楽しい経験《けいけん》で、忘《わす》れ難《がた》い思い出になっている。

夫《おっと》は結婚《けっこん》の当初《とうしょ》から、とても協力的な人だった。二人で働いていたからだと思うが、仕事《しごと》から帰ると洗濯《せんたく》がしてあったり、お風呂《ふろ》が沸《わ》いていたりして驚《おどろ》いた。私《わたし》は、家庭の仕事は女性《じょせい》がするもので、男性《だんせい》にそんなことをさせてはいけないという〝古い考え〟の持ち主だった。が、実際《じっさい》に夫婦《ふうふ》が共働《ともばたら》きをする場合、夫が自主的に家事の一部でも手伝ってくれることが、どんなに生活の便《べん》を向《こう》上《じょう》させ、精神的《せいしんてき》にも楽《らく》であるかを夫との生活で知った。

お正月の準備《じゅんび》もそうだった。私たちは暮《く》れの十二月十日頃《ごろ》に新婚《しんこん》旅行から帰ってきたので、年末は慌《あわただ》しかった。おせち料理を入れる重箱《じゅうばこ》は、夫の両親から結婚祝《いわ》いにいただいた。台付きの四段重《よんだんじゅう》で沖縄《おきなわ》の上等《じょうとう》の漆器《しっき》だった。お雑煮《ぞうに》のお椀《わん》は、私が仕事で大阪《おおさか》に行ったとき、阪急《はんきゅう》デパートで越前塗《えちぜんぬり》の夫婦椀《めおとわん》を買っておいた。ところが、屠蘇器《とそき》を買うのを忘《わす》れていた。年末にそのことに気づいた夫は、菊名《きくな》の駅前の家庭用品店で買っておいてくれた。上等なものではなかったが、夫の心遣《こころづか》いがうれしかった。このようにして、二人で協力して生活を築《きず》き上《あ》げていくことは、何もかもが新鮮《しんせん》で、心強いものだった。

ところがそんな生活が数カ月過《す》ぎたころ、私はこんな暮《く》らし方《かた》に疑問《ぎもん》をもつようになった。私は国内線勤務《きんむ》とはいえ、二泊《はく》三日《か》の仕事もあり、一方《いっぽう》の夫は夜討《ようう》ち朝駆《あさが》けの新聞記者で、いつまでたっても落ち着かない生活が続いていたからだ。

私が仕事を続けていたのは、経済的《けいざいてき》な理由が大きかった。大学院《だいがくいん》を卒業したばかりの夫の収入《しゅうにゅう》は、アパートの家賃《やちん》を払《はら》うと、二人の生活にはぎりぎりの額《がく》しか残らなかった。そのため結婚前、夫は婚期《こんき》を少し延《の》ばすことも考えていた。

が、話し合った結果《けっか》、私が仕事をやめなければ新聞社の薄給《はっきゅう》でも暮らしていける、との結論《けつろん》に達したのだった。

私《わたし》は結婚《けっこん》を決めてからは、自分のキャリア向上《こうじょう》を目指《めざ》すのはやめた。だから、仕事《しごと》のために夫婦《ふうふ》がバラバラに暮《く》らすことに、だんだん疑問《ぎもん》が募《つの》ってきた。こんな私の悩《なや》みを率直《そっちょく》に打ち明けると、夫《おっと》は最初戸惑《とまど》った。

仕事を始めたばかりの夫にとって、パーサーという責任《せきにん》のある仕事に就《つ》いているのに、辞《や》めたいという私の考えが、よくわからなかったようだ。妻《つま》の私は、十分仕事をして、次はしっかりした家庭を築《きず》きたいと思っていたのだ。私たちはお互《たが》いの考え方を理解《りかい》するために、何度《なんど》も話し合った。そして、バラバラで稼《かせ》ぐよりも、二人で築いていくものを大切にしようという結論に達した。

生活が厳《きび》しくなることを覚悟《かくご》して、私は仕事を辞めようと思った。ところが、その同じ時期に妊娠《にんしん》していることがわかり、結局《けっきょく》、会社を退職《たいしょく》することになった。

私はこうして専業主婦《せんぎょうしゅふ》になり、母親となったが、夫の生活への態度《たいど》は、共《とも》働《ばたら》きの時《とき》と基本的《きほんてき》に変わらなかった。「妻を養《やしな》ってやっている」とか、「妻は夫に尽《つ》くせ」というような考え方は、夫にはなかった。夫にとっての妻は「生活をともに築く仲間」という感覚で、いつも私に協力的だった。そうなってくると、私の方《ほう》も夫に甘《あま》えてばかりいられず、自分のできることは何《なん》でもしようと思った。そうやって互いを思いやりながら、三十年が過《す》ぎたのである。

こんな書き方をすると、二人の間には何事《なにごと》もなかったように聞こえるかもしれない。けれども、私が仕事を辞めたときのように、人生の色々《いろいろ》な場面で、夫婦の意見が食《く》い違《ちが》ったり、相互理解《そうごりかい》に時間を要したこともある。若《わか》い頃《ころ》は、「三十年」などとてつもなく長い年月に感じるが、振《ふ》り返《かえ》ってみればアッという間《ま》である。

今三人の子供《こども》は巣立《すだ》ち、私《わたし》は夫《おっと》とともに生長《せいちょう》の家《いえ》の講習会《こうしゅうかい》で全国を回っているほか、会議などにも出る。多忙《たぼう》といえば多忙である。もちろん家庭の主婦《しゅふ》としての仕事《しごと》もしている。それができるのは、夫が結婚当初《けっこんとうしょ》と同じように、どちらかに負担《ふたん》が偏《かたよ》らないように、互《たが》いに協力する姿勢《しせい》を続けてくれているからだ。また、夫婦《ふうふ》とも結婚を生活の手段《しゅだん》とは考えずに、〝二人の作品〟として大切に育ててきたからだ、と私は思う。

幸せな結婚《けっこん》生活

二〇〇九年の夏訪《おとず》れたブラジルで、生長《せいちょう》の家《いえ》ブラジル伝道本部*1の役員の方々《かたがた》と夕食会をともにしたときのことである。その人たちは皆《みな》、夫婦《ふうふ》での参加だった。このことは何も今回が初めてではないが、改《あらた》めて日本との違《ちが》いを感じた。夕食会の席には、生後《せいご》二週間の赤ちゃんも来ていた。生まれたばかりの赤ちゃんを家に置いておくと、夫婦どちらかが家に残らなくてはならないからだろう。ブラジル社会では、夫婦参加の原則《げんそく》がここまで徹底《てってい》しているのか、と驚《おどろ》いた。

＊1　ブラジルにおける生長の家の布教・伝道の拠点。

自分の子ではなく、生後《せいご》二週間の赤ちゃんを間近《まぢか》に見る機会《きかい》は、普通《ふつう》はそう多くない。だから、夕食会参加者は、それぞれが赤ちゃんのところに行ってあやしたり、誕生《たんじょう》を祝《いわ》ったり、ともに記念写真に収《おさ》まったりした。その光景はほほえましく、家庭的で、周囲《しゅうい》には和《なご》やかな雰囲気《ふんいき》が満ちていた。ブラジルでは、講習会《こうしゅうかい》などの大きな行事にも、妻《つま》と夫《おっと》がともに積極的に関《かか》わり、協力していた。そこには自由で、解放的《かいほうてき》な雰囲気があった。

このように西洋社会では、「夫婦《ふうふ》」ひと組みを社会の構成《こうせい》単位と見る考え方が基本《きほん》にあるので、夫婦単位での行動が一般的《いっぱんてき》である。それを「日本とはずいぶん違《ちが》う」と、私《わたし》は感じた。

日本では、夫婦は別々《べつべつ》に行動することが多い。また、夫の仕事《しごと》や交友関係で妻がともに参加することもあまりない。だから私は、日本の生長《せいちょう》の家《いえ》の男性《だんせい》役員の奥《おく》さん方《がた》の顔を、あまり知らない。そういうことは、日本の社会では特別ではなく、一般的《いっぱんてき》だと思う。もっとも若《わか》い年代では、夫婦が共《とも》に行動することが年配《ねんぱい》の人より増《ふ》えてきつつあるようだ。かく言う私も、夫と行動を共にすることが多いのである。

日本と西洋の習慣《しゅうかん》の違《ちが》いは、長い歴史の中で、宗教《しゅうきょう》や文化と密接《みっせつ》に関《かか》わりながら形成《けいせい》されてきたものであるから、どちらが良くて、どちらが悪いと一概《いちがい》には言えない。

しかし、今回のブラジルでの経験《けいけん》で私が改《あらた》めて感じたのは、夫婦で行動することの良い点である。それは、夫や妻が相手の仕事を直接理解《ちょくせつりかい》できることである。現代《げんだい》のように夫婦の分業《ぶんぎょう》が進んだ社会では、自営業《じえいぎょう》など特別な場合を除《のぞ》いて、普段《ふだん》夫婦は全《まった》く違《ちが》う環境《かんきょう》で、違う種類の仕事をしていることが多い。だから、お互《たが》いが日中《にっちゅう》どんな環境《かんきょう》にいて、どんな仕事《しごと》をしているか、知らないで結《けっ》婚《こん》生活を続けていく。それを知ることは、しかしお互いを理解《りかい》する上で大きな助けになると私《わたし》は思う。

ただし、注意も必要である。それは相手の〝領分《りょうぶん》〟に属《ぞく》することに余計《よけい》な口出しをする危険性《きけんせい》である。また逆《ぎゃく》に、夫《おっと》や妻《つま》の仕事について無知《むち》の場合、無関心が透《す》けて見えたり、夫や妻の仕事上の相手との交流《こうりゅう》に支障《ししょう》が出る可能性《かのうせい》もある。

ところで、結婚生活の意義《いぎ》をひと言《こと》で言えば、それは、互いに違う環境で異《こと》なる経験《けいけん》を積んできた二人が、結婚生活を通じて良い影響《えいきょう》を与《あた》え合《あ》い、また違ったところを理解し、受け入れることで、互いの人格《じんかく》を向上《こうじょう》させることである。

先日雑誌《ざっし》を見ていたら、こんなつぶやきが載《の》っていた。

再婚《さいこん》同士で結婚して、子供《こども》も生まれ、それなりに幸せな生活だと思う。けれども、夫に対して特に愛情《あいじょう》を感じることができない。夫の落ち着いた性格《せいかく》が気に入って結婚したが、何か物足りない。結婚ってこんなものだろうか。

結婚生活に対して、このように満たされない気持を持っている人もいると思うが、その理由は、この短い文章からはとても分からない。が、私はあえて想像《そうぞう》した。そもそも二人が結婚したということは、やはりお互いにどこか魅《ひ》かれるところがあったはずだ。にもかかわらず、期待外《きたいはず》れと思うのは、もしかしたら、この人はどこかに〝理想の夫《おっと》〟や、〝理想の生活〟があると夢見《ゆめみ》ていたからではないだろうか。

人間は、自分の人生は自分の責任《せきにん》で選び取るものだ。これは厳《きび》しい言い方のようだが、結婚《けっこん》相手を選んだのは自分であり、他《ほか》の誰《だれ》でもない。なぜその人と結婚しようと決めたのかについては、自分で分かっている部分があるはずだ。それが、ここに書かれてあるように「落ち着いた性格《せいかく》」であったのならば、その理由がなくならない限《かぎ》り、「何か物足りない」と感じるのは合点《がてん》がいかない。更《さら》にもっと何かを、相手に求めているのかもしれない。いずれにしても、結婚相手として選んだのだから、「親和《しんわ》の法則《ほうそく》」が働いている。つまり、自分にふさわしい人と結婚するのである。打算《ださん》や一方的《いっぽうてき》な期待《きたい》から選んだのなら、相手側《がわ》も同じような動機から結婚した可能性《かのうせい》がある。

若《わか》い頃《ころ》の結婚では、とかく〝理想の夫〟や〝理想の妻《つま》〟を求めて結婚する。そして大抵《たいてい》、相手がそんな〝理想〟とは程遠《ほどとお》いということを知ることになる。なぜなら、理想とするような〝完全な人間〟など現象的《げんしょうてき》にはいないからである。〝完全な人間〟は実相《じっそう》*2においてのみ存在《そんざい》する。それをこの現実《げんじつ》世界に引き出すためには、お互《たが》いの努力がなくてはならない。

そこで、問題になるのは、相手のどこを見るかということと、結婚の意義《いぎ》を正しく知ることである。現象においては人間には欠点があるが、必ずどの人にも美点《びてん》がある。その美点を見つけ、言葉《ことば》や態度《たいど》で表現《ひょうげん》することができれば、そこから、まだ表現されていない相手の実相がどんどん引き出されてくるものである。ところが、相手の欠点ばかりに目がいって、そこから抜《ぬ》け出《だ》すことができないと、結婚生活はお互いの〝粗探《あらさが》し〟に堕《だ》してしまうだろう。

*2　神が創られたままの完全円満なすがた。

また、夫婦《ふうふ》となる男女は、お互《たが》いに自分にはない良さを持っているからこそ惹《ひ》かれ合う。そのことを知っていると、相手の良さを認《みと》めようとする気持が出てくるはずだ。

私《わたし》自身の結婚《けっこん》生活について話してみたい。私と夫《おっと》は性格《せいかく》が随分違《ずいぶんちが》う。夫は何事《なにごと》もはっきりさせなくては収《おさ》まらない傾向《けいこう》があるが、私は物事《ものごと》にきっちりと白黒《しろくろ》をつけて考えることが苦手《にがて》である。私は夫の、正しいことは正しいと言えるところに魅力《みりょく》を感じたのである。それは、私もそうありたいと思うが、できないところを、夫が体現《たいげん》していたからではないかと思う。ところが、実際《じっさい》に二人で生活してみると、こういう性格の違いは、お互いにすぐには受け入れられないのである。

結婚の当初《とうしょ》は、そんなことから意見が違い、ぶつかることもあった。けれども年月を重ねることによって、お互いの違う視点《してん》には、それなりに理由があり、共《とも》に学ぶ価値《かち》があることを理解《りかい》するようになった。

自分にはない相手の性格に惹《ひ》かれ、違いを通じてお互いが生長《せいちょう》できるのが結婚の意義《いぎ》とも言える。世の中には「性格の違い」を離婚《りこん》の理由にする人もいるようだが、私に言わせれば、結婚生活は性格が違っているからこそ意味があり、お互いの生長が用意されていると言うことができる。とにかく、相手の良さを見ることが幸せな結婚生活の秘訣《ひけつ》である。

第4章★新しい文明のこと

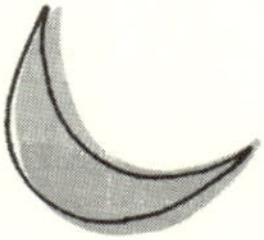

太陽を仰《あお》ぐ

デパートの家庭用品売り場でのことである。

カウンターで支払《しはら》い処理《しょり》を待《ま》っていた私《わたし》の隣《となり》には、私より少し若《わか》い女性《じょせい》がいた。店員が彼女《かのじょ》の買い物の包装《ほうそう》を終《お》えて、「手提《てさ》げ袋《ぶくろ》はお使いになりますか？」と訊《き》いていた。レシートが出るのをぼんやりと待っていた私は、その女性の「もちろん」という言葉《ことば》を聞いて驚《おどろ》いた。その言葉には「当たり前のことをどうして訊くの？」という意外《いがい》さが露《あら》わになっていた。一方《いっぽう》の私は、買ったものが袋《ふくろ》に入れられる前に、「そのままでいいです。袋はいりません」と言って、ハンドバッグからマイバッグを出した。

東京・渋谷《しぶや》のデパートでは、ほとんどの買い物客が、紙袋《かみぶくろ》をふんだんにもらうのだった。これらの紙袋は、家庭で使われるのはごく一部で、多くが家のどこかにしまわれ、しだいに数が増《ふ》え、やがてゴミとして捨《す》てられるのだろう。紙袋一枚《いちまい》といえども、元々《もともと》は木だから森林破壊《はかい》の原因《げんいん》になる。けれども、そんなことを深刻《しんこく》に考えない人が多いのかもしれない。

スーパーなどでは、レジ袋《ぶくろ》が有料《ゆうりょう》になり、袋持参《じさん》で買い物に行く人が増《ふ》えているそうだ。それに比《くら》べるとデパートは、不況《ふきょう》で売り上げが落ちているのはスーパーと同じでも、立派《りっぱ》な包装をしたり、紙袋に入れることで差別化《さべつか》を図《はか》ろうとしているのかもしれない。

買い物客へのサービスとして、商品を何《なん》でも紙袋《かみぶくろ》やポリ袋《ぶくろ》に入れて渡《わた》す習慣《しゅうかん》は、そんなに古いものではない。私《わたし》が子供《こども》の頃《ころ》、母は魚屋《さかなや》さんや八百屋《やおや》さんに行くのに、必ず買い物かごを提《さ》げていた。お豆腐《とうふ》を買うときにもボールや鍋《なべ》を持参《じさん》した。また野菜《やさい》などは新聞紙に包んだり、新聞紙で作った袋《ふくろ》に入れてもらったものだ。

昔《むかし》から日本は、狭《せま》い国土《こくど》の中に多くの人が住み、天然資源《てんねんしげん》にそれほど恵《めぐ》まれた国でもなかった。だから人々は勤勉《きんべん》で、物を大切にし、できるだけ循環《じゅんかん》させて暮《く》らしてきた。そのような生活が急激《きゅうげき》に変わるのは、戦後《せんご》の高度経済《こうどけいざい》成長期を経《へ》てである。日本に限《かぎ》らず先進諸国《せんしんしょこく》は、戦後大《だい》なり小《しょう》なり豊《ゆた》かにものを使う生活をしてきたのである。

特に、外食《がいしょく》産業が発達し、使《つか》い捨《す》て容器《ようき》やナフキン類を多用《たよう》するファーストフードが普及《ふきゅう》したことで、資源を浪費《ろうひ》する生活が当たり前になった。「使い捨て」といえば割箸《わりばし》があるが、昔は、これを使うのはやや高級な食堂で、大衆的《たいしゅうてき》な食堂では、洗《あら》って使える箸《はし》を使っていたようだ。またそのころの日本は林業が盛《さか》んで、間伐材《かんばつざい》や竹などで割箸が作られていたから、環境破壊《かんきょうはかい》につながることはなかった。間伐は、森を育てることだからである。

ところが日本の林業が衰退《すいたい》し、山や森は手入れする人もなく放置され、荒《あ》れ放題《ほうだい》になった。それと並行《へいこう》するように、ほとんどのレストランや食堂で割箸が使われるようになったのである。その割箸の多くは、海外の森林を破壊して作られてきた。

このことを問題視《もんだいし》するようになった人々から、「マイ箸《はし》を持とう」という動きが出てきた。またレストランでも最近は、割箸ではなく、洗って使える竹箸《たけばし》や塗箸《ぬりばし》を使うところも少しずつ増《ふ》えている。

物質的《ぶっしつてき》に〝豊《ゆた》かな生活〟をすることが進歩であり、地球の資源《しげん》に限《かぎ》りはない——これが幻想《げんそう》であることに、私《わたし》たちはようやく気付いてきた。〝豊かな生活〟の問題点は、「資源がなくなる」ことだけでなく、「地球温暖化《おんだんか》の進行」もある。人によっては、二酸化炭素《にさんかたんそ》を排出《はいしゅつ》しないクリーン・エネルギーの開発が進めば、現在《げんざい》の水準《すいじゅん》の生活を維持《いじ》できると考える向きもある。しかし、それでは足りない。

先進国《せんしんこく》に住む私たちの「現在の生活」に問題があるのである。

私たちの多くは、欲《ほ》しいと思うものは大抵《たいてい》手に入る生活をしている。もちろん、それにはお金《かね》が必要であるが、食料などの基本的《きほんてき》なものは、贅沢《ぜいたく》をいわなければ、ほとんどの人が、ある程度《ていど》の自分の欲求《よっきゅう》を満たすことができる恵《めぐ》まれた環境《かんきょう》にいる。実際《じっさい》、肉や魚、野菜《やさい》、パンやお菓子《かし》などの食料品は、目の前に豊富《ほうふ》に並《なら》んでいるのが日常《にちじょう》の風景である。食料品に限《かぎ》らず、衣類や日用品、家電製品《せいひん》、自動車、はたまた住宅《じゅうたく》にいたるまで、すぐに買えるかどうかは別として、豊かに目の前に差し出されている。ものが豊富にあるのが当たり前で、その恩恵《おんけい》に感謝《かんしゃ》する気持が薄《うす》れている。

今の豊かさが、人間の発達させた科学技術《ぎじゅつ》のおかげだと考えると、自然の恩恵に想《おも》いが至《いた》らない。しかし、科学技術は、人間が使う〝道具〟ではあっても、豊かさの原因《げんいん》ではない。豊かさの源泉《げんせん》は、自然の大《おお》いなる恵《めぐ》みであり、私たちは自然のおかげで本当は「生かされている」のである。例《たと》えば、太陽の光、熱、雨、風などは、私たちの生活に欠かせない。太陽の光や熱がなければ植物は育たず、人間はすぐに飢《う》えてしまう。けれども、どれだけの現代人《げんだいじん》が、太陽に向かって感謝《かんしゃ》の思いを表現《ひょうげん》しているだろうか。

「そんなことをしたのは、古代人《こだいじん》だ」と言って笑うかもしれないが、私《わたし》は恩恵《おんけい》を受けながら「当たり前だ」と思う心が問題だと思う。この感謝を忘《わす》れた傲慢《ごうまん》さが、現代《げんだい》の地球温暖化《おんだんか》の根っこにはある。私たちを取《と》り巻《ま》く環境《かんきょう》は、人間の心と密接《みっせつ》な関係にあることを知る必要がある。人間の心が環境に反映《はんえい》するのである。

このことを知ってから、私は自分の生活を省《かえり》みるようになった。だから何かを買おうと思うとき、欲《ほ》しいと思うとき、本当に必要か、買ってムダにならないかを、ちょっと立ち止まって考えるようにしている。そして普段《ふだん》から、人間はそのままで大自然の恩恵に充分浴《じゅうぶんよく》していることを想《おも》い、感謝する生活を心がけている。

豊《ゆた》かにものがあることが人間の幸せではなく、豊かさを見出《みいだ》せる心が、幸せな人生を作るのである。そして、結局《けっきょく》その心が温暖化を防《ふせ》ぎ、大勢《おおぜい》のいのちを守ることになる。

現代の若者《わかもの》は、幼《おさな》い時《とき》から環境問題について学んできた。その知識《ちしき》を知識だけにとどめず、生活での実践《じっせん》を通して自然界を大切にし、本当の意味で〝豊かな人間社会〟の構築《こうちく》を目指《めざ》してほしいと思う。

世界を変えるもの

大抵《たいてい》の新聞には、若者《わかもの》の意見だけを集めた投書《とうしょ》のコーナーがある。若《わか》い人の素直《すなお》な意見、純粋《じゅんすい》なものの考え方、大人の社会を真《ま》っすぐな目で見つめて批判《ひはん》するもの、親や祖父母《そふぼ》の生活に尊敬《そんけい》や感謝《かんしゃ》の思いを表すもの……そういう様々《さまざま》な投書を、私《わたし》は楽しみに読む。

ある日のこと、二つの新聞で、二十歳《はたち》と小学校六年生が同じような内容《ないよう》の文章を書いていた。それはアジアなどの国の、貧《まず》しい子供《こども》たちの生活についてだった。世界には、日本に住む私たちが想像《そうぞう》もつかないほど、劣悪《れつあく》な環境《かんきょう》で生きている子供たちがいる。そういう子供たちのことを人の講演《こうえん》で聞いたり、テレビのドキュメンタリー番組などで知って、若者たちは衝撃《しょうげき》を受けたようだった。

一つの投書は、テレビ番組で知ったという、学校に通えない子供たちについての感想だった。テレビの中《なか》の子供たちは、貧しい環境にも関わらず、目を輝《かがや》かせて、将来《しょうらい》の希望について語り、「人のためになる仕事《しごと》につきたい、そのために学校に行きたい」と言っていたそうだ。投書の主《ぬし》は、そんな子供たちと日本に住む自分たちを比《くら》べていた。

「三食《さんしょく》きちんと食べられ、学校に通うことができるのに、他人と比べ『私は不幸だ』『僕《ぼく》は恵《めぐ》まれていない』という、自分たちが恥《は》ずかしい。恵まれない環境でも、夢《ゆめ》をあきらめない彼《かれ》らのために、私たちのできることは、どんどん協力していきたい」

二つ目の投書《とうしょ》は、世界では三秒に一人の割合《わりあい》で人が亡《な》くなっているという事《じ》実《じつ》を講演《こうえん》で聞いて、やはり衝撃《しょうげき》を受けていた。「売られていく少女」「貧困《ひんこん》で食《しょく》糧《りょう》がなく死んでいく人」「地雷《じらい》で手足を失う人」などのことも知り、心の中が複雑《ふくざつ》になったという。そして、自分の環境《かんきょう》を思い、日本人は本当に贅沢《ぜいたく》な暮《く》らしをしていることに気がついた、というのである。

幼《おさな》い心は世界の現実《げんじつ》を知って、なぜそんなことが起こるのか、どうして大人は何もしないのか、あるいはできないのかと思うのだろう。こういう純粋《じゅんすい》でまっすぐな感情《かんじょう》は、若者《わかもの》なら誰《だれ》でももっているだろう。そして、この世の不合《ふごう》理《り》や不条理《ふじょうり》を何《なん》とかしたい、と考えるのである。

私は、小学校の高学年か中学生の時《とき》、国語の授業《じゅぎょう》で島崎藤村《しまざきとうそん》の『破戒《はかい》』のことを学んだ。また、この作品を読んで世の中に差別《さべつ》があることを知り、そんなことがなぜ社会にあるのかが理解《りかい》できず、母にしつこく尋《たず》ねたことがあった。母は、世の中の現実を教えてくれたが、私の幼い心は、そういう不合理さがどうしても理解できなかった。

若者の投書を読んでいて、私はそんな若《わか》い頃《ころ》の自分を思い出した。その時に抱《いだ》いた「なんとかしなくては」というはやる心は、とても貴重《きちょう》だと感じたから、若い投書主《とうしょぬし》にもその気持を大切にしてほしいと思った。それは、人間の心の美しい部分である。

そんなことを考えながら、新聞のページを繰《く》っていると、「ほんを語る」という本の紹介欄《しょうかいらん》が、ふと目にとまったのである。

見出《みだ》しに「どんな家に住んで、どんな暮《く》らし方《かた》がしたいか」とあり、その言《こと》葉《ば》が、自分がそれまで考えていた海外の貧しい子供《こども》たちのことと、大きく隔《へだ》たっていると感じた。それは、『住宅《じゅうたく》の手触《てざわ》り――12人の建築家《けんちくか》による、24軒《けん》の手触りのいい家』(山田新治郎《やまだしんじろう》・写真、松井晴子《まついはるこ》・文、扶桑社刊《ふそうしゃかん》)という本の紹《しょう》介《かい》記事だった。その本は、建《た》て主《ぬし》の言葉にならぬ思いを設計《せっけい》に結実《けつじつ》させようと奮闘《ふんとう》した日本の建築家十二人と、建《た》った家に愛着《あいちゃく》をもって住み続ける住人を取材した記録だそうだ。私《わたし》は「読んでみたい」と思った。

しかし、世界の貧困《ひんこん》や飢《う》えに苦しむ人々とは、まるで〝別世界〟のことなのだった。

住む家すらまともにない人々にとって、「どんな家に住んで、どんな暮《く》らし方《かた》がしたいか」という考えは、夢《ゆめ》のまた夢であり、贅沢《ぜいたく》に違《ちが》いない。それは、日本人がどこのレストランで何を食べようかと考えを巡《めぐ》らせることが、飢えに苦しむ人々にとって無縁《むえん》の出来事《できごと》であるのと同じである。もちろん彼《かれ》らにも、そんな暮らしを願う気持はあるにちがいない。しかし現実《げんじつ》には、毎日、今日《きょう》の食事にありつけるのか、夜寝《ね》る場所が確保《かくほ》できるのかという切実《せつじつ》な問題が目の前にあるのだ。

私たちが普段《ふだん》「当たり前」と思うことも、別の視点《してん》に立てば、まったく「奇《き》跡的《せきてき》」に感じられることもあるのだった。

「どんな家に住んで、どんな暮らし方がしたいのか」——そう考えることは別に悪いことではない。より良い人生を歩むためには、むしろ必要なことだろう。

この言葉の中には、無限《むげん》の選択肢《せんたくし》が感じられる。ヨーロッパのお城《しろ》のような贅沢な家に住み、エネルギーを大《おお》いに使って快適《かいてき》な生活をする暮らしもあるだろう。その一方《いっぽう》で、贅沢ではないが、質素《しっそ》な中にも居心地《いごこち》の良い住居《じゅうきょ》も考えられる。自然エネルギーを利用した、今はやりのエコハウスに住むのもいい。家の形には数限《かずかぎ》りがないだろう。

どんな家を選ぶかは、その人が何に価値《かち》を置き、どんな人生を目指《めざ》すかによって決められる。

そして、一人一人がどんな生き方をするかは、間接的《かんせつてき》に世界中の人の生活と結びついているのである。

アジアなどの国の貧《まず》しい子供《こども》たちに、援助《えんじょ》の手を差《さ》し伸《の》べるには、色々《いろいろ》な方法がある。実際《じっさい》に国際《こくさい》協力の仕事《しごと》について、現地《げんち》で活躍《かつやく》するというのもあるだろう。募金《ぼきん》に協力することもできる。それらは大きな貢献《こうけん》であるが、それだけではなく、私《わたし》たちの毎日の生活で、「どんな家に住み、どんな暮《く》らしがしたいか」に象徴《しょうちょう》される日々の様々《さまざま》な選択《せんたく》によっても、世界の貧困《ひんこん》などの解消《かいしょう》に役立つ生き方もできる。

私は毎日の暮らしの中で、エネルギーの無駄使《むだづか》いをしないことを心がけている。冬は、夏冷房《れいぼう》をつけなかったように、暖房《だんぼう》なしで過《す》ごすのは難《むずか》しい。だから暖房の設定《せってい》温度は二〇度にしている。ちょっと寒いけれど、ひざかけをかけたり、厚手《あつで》の靴下《くつした》をはいて過ごしている。夜は暖房を切って寝《ね》るから、湯たんぽは欠かせないし、そのお湯で朝は顔を洗《あら》う。寒さに耐《た》えて、けちけちの生活をしているようだが、そうすることで少しでも、地球の温暖化《おんだんか》が防《ふせ》げればと思うからだ。

日本にも世界にも様々な問題があるが、何か自分のできることで、ささやかでも良いことをしようと心がけることで、世界は変わっていくに違《ちが》いないと、私は思っている。

若者《わかもの》の〝明るい兆《きざ》し〟

〝田舎暮《いなかぐ》らし〟や〝森の生活〟は、定年退職《たいしょく》した一部の人たちの生き方——そんな時期がここ何年《なんねん》も続いていたが、最近は、この現象《げんしょう》に、若《わか》い人たちが加わって注目されている。

その背景《はいけい》には、経済的繁栄《けいざいてきはんえい》が人々の幸福と直接《ちょくせつ》結びつかず、かえって社会の格差《かくさ》を大きくし、厳《きび》しい生活を余儀《よぎ》なくされたり、心に不安を抱《かか》えている人も多いという事実《じじつ》があるからだろう。また繁栄の代償《だいしょう》として、自然破壊《はかい》や気候《きこう》変動が起こり、地球の持続可能性《じぞくかのうせい》が危《あや》ぶまれてきたことも、要因《よういん》であると思う。さらにITの発達が著《いちじる》しく、〝田舎〟や〝森の中〟どころか、世界中どこにいてもコミュニケーションが取れ、仕事《しごと》ができるようになったという事情《じじょう》もある。都会でなくても最新の情報《じょうほう》は得られ、そのうえ暮《く》らす環境《かんきょう》が豊《ゆた》かな自然に囲まれた場所ならば、通勤《つうきん》や混雑《こんざつ》に煩《わずら》わされずに余裕《よゆう》のある生活が送れる。だから、〝田舎〟の魅力《みりょく》が高まっているのだ。

そんな新しいライフスタイルは、メディアにも取り上げられている。二〇一三年四月から『朝日新聞』の土曜版《どようばん》で連載《れんさい》されたアーティストプロデューサーの四角大輔《よすみだいすけ》さんの生活は、なかなか興味深《きょうみぶか》い。

四角さんは、大学卒業後、通算十四年半をレコード会社に勤《つと》め、プロデューサーとして七度のミリオンヒット、二十回のオリコンランキング一位を達成《たっせい》したキャリアを捨《す》てて、高校時代からの憧《あこが》れだった〝森の生活〟を二〇一〇年から始めた。しかも、その地はニュージーランドである。

ニュージーランドの人は、日本のことを、戦後《せんご》の奇跡的《きせきてき》な復興《ふっこう》と経済的躍進《けいざいてきやくしん》を遂《と》げたことで、〝未来《みらい》の国〟と憧れて来たそうだ。にもかかわらず、近年この国は日本とは別の方向へ転回した。大量生産、大量消費の経済《けいざい》を放棄《ほうき》し、持《じ》続可能《ぞくかのう》な社会へと独自《どくじ》の道を歩んでいる。電力の七九パーセントは自然エネルギーで賄《まかな》い、原発《げんぱつ》はゼロ、火力発電所の新規建設《しんきけんせつ》は禁止《きんし》された。そのため停電は日常的《にちじょうてき》だから、コンビニや自販機《じはんき》はない。この国の人々は「環境保全《かんきょうほぜん》」を国策《こくさく》として選んだのだ。四角《よすみ》さんは、この国こそ〝未来の国〟ではないかと言う。

四角さんの今の家は、森の中だから水道がない。湖《みずうみ》の水を飲み、近くの川や海で魚を捕《と》り、自《みずか》らさばく。庭で育てた野菜《やさい》と果物《くだもの》、原生林《げんせいりん》に自生《じせい》するハーブやキノコが食卓《しょくたく》を飾《かざ》る。こんな生活にはお金《かね》はかからないが、体力がいるし、不便で、創意工夫《そういくふう》が要求される。だから、音楽業界で働いていた頃《ころ》より、想像力《そうぞうりょく》は高まっているのではないか、と彼《かれ》は言う。

利便性《りべんせい》に背《せ》を向け、貨幣経済《かへいけいざい》とも距離《きょり》を置く生活だが、ITを活用することによって、文化度も仕事《しごと》の質《しつ》も下げる必要がないから、〝人間的な豊《ゆた》かさ〟は日本時代よりはるかに高まったと感じているそうだ。お金では得られない豊かさ、お金を必要としない豊かさ、それが自然の中の暮《く》らしにはあるという。

生長の家《せいちょうのいえ》も二〇一三年の十月から、山梨県北杜市《やまなしけんほくとし》の〝森の中〟に本部を移転《いてん》する。その目的は、社会の持続可能性《じぞくかのうせい》を実現《じつげん》しつつ、自然と共《とも》にあることが〝人間的な豊かさ〟であることを実感し、願《ねが》わくば人々にもそんな生き方を伝えたいからだ。

貨幣経済《かへいけいざい》を否定《ひてい》するのでも、自給自足《じきゅうじそく》をするわけでもない。森の手入れをし、自然の恵《めぐ》みを五感で楽しみ、できれば家庭菜園《さいえん》で野菜《やさい》も育てる計画だが、当たり前に地元の商店で買い物もする。都会ではなく、森の中でも現代人《げんだいじん》が現代の生活を送りながら、社会と深くかかわることはできるはずである。

そういう私《わたし》は現在《げんざい》、東京の原宿《はらじゅく》に住んでいる。ここで有名な表参道《おもてさんどう》は家のすぐ近くにあり、世界のトップファッションブランドが軒《のき》を連《つら》ねる。幸い私の住まいは、表通りから離《はな》れ、広い庭と大きな木々《きぎ》に囲まれているので、家にいる限《かぎ》り、都会の喧騒《けんそう》から距離《きょり》をもって過《す》ごせる。それでも、広い空や雲の流れ、満天《まんてん》の星《ほし》を見ることはできない。空はビルに浸食《しんしょく》され、夜は明るいからだ。

が、さらに幸いなことに、私たち夫婦《ふうふ》は八ヶ岳《やつがたけ》に山荘《さんそう》があったから、〝山の生活〟も体験《たいけん》できた。そこでは、夜が本当に夜なのだ。太陽が沈《しず》めば、外は闇《やみ》に包まれる。そこは、人間の力の及《およ》ばない動物の天国である。かなりの田舎《いなか》でも、今はコンビニや自販機《じはんき》があるのが普通《ふつう》で、そこへ動物が現《あらわ》れたとしても、それは〝場違《ばちが》い〟な存在《そんざい》、さらには〝迷惑《めいわく》〟な存在として人間は接《せっ》するだろう。ところが、もっと山の奥《おく》となると、夜は家以外の場所は動物に明《あ》け渡《わた》して、人間は静かにしていなければならない。そして朝になると、花や木の芽《め》、球根《きゅうこん》、木の幹《みき》などがよくシカやイノシシなどに食べられている。それがいやなら、動物よけの電線を張《は》り巡《めぐ》らせるか、猟銃《りょうじゅう》を持って寝《ね》ずの番《ばん》をするしかない。野生《やせい》動物による〝食害《しょくがい》〟が起こるのは、人間が自然の生態系《せいたいけい》を乱《みだ》しているからである。動物の側《がわ》から見れば、〝人間害〟が先にあった。ニホンオオカミがいなくなり、シカの数が増《ふ》えすぎた。また、動物の食べ物がある森を壊《こわ》して、そこへ家を建て《た》、畑を作ったからだ。日本各地で起こる動物による作物《さくもつ》や果樹《かじゅ》などの被害《ひがい》は、相当なものになっている。

山の生活を知る前の私《わたし》なら、害虫《がいちゅう》は殺虫剤《さっちゅうざい》で殺し、庭の花や作物を荒《あ》らす動物は、駆除《くじょ》してほしいと願っただろう。けれども人間と自然との緊密《きんみつ》で親しいつながりを知った今は、お互《たが》いの領域《りょういき》を侵《おか》さずに、共存《きょうそん》していく方法を考えるようになった。

都会生活は、あまりにも自然とかけ離《はな》れている——これは、八ケ岳《やつがたけ》から高層《こうそう》ビルが林立《りんりつ》する新宿へもどった時《とき》の、切実《せつじつ》な実感だ。都会では、緊張《きんちょう》関係を含《ふく》んだ自然との触《ふ》れ合《あ》いや、自然と人間との関係に思いを巡《めぐ》らせることなど、ほとんどない。そこで育つ人々がつくるものは、人間中心の考えによるほかはない。そんなことでは、地球の持続可能性《じぞくかのうせい》はさらに失われていくだろう。だから、わずかであっても、若《わか》い世代の人々が自然と触《ふ》れ合《あ》い、人間と自然との深い関係を知ることはいいことだ。そんな動きが始まっていることは、私にとってうれしい、明るい兆《きざ》しである。

少なく、豊《ゆた》かに暮《く》らす

「断捨離《だんしゃり》」――この言葉《ことば》がいつごろから使われるようになったのか、確《たし》かな記《き》憶《おく》はない。人々が豊かになって身の回りに物があふれ、その処理《しょり》に手を焼いたり、捨《す》てられずにゴミ同然《どうぜん》となった物の中に暮らしている人もいる。そんな時代を背景《はいけい》にして登場した言葉だろう。

この言葉は、単に整理《せいり》整頓《せいとん》することではなく、不要なものを断《た》ち捨《す》てることで、物への執着《しゅうちゃく》を放ち、身軽《みがる》で快適《かいてき》な人生を手に入れようという考え方、生き方をいう。それを実践《じっせん》する人のことを「ダンシャリアン」と言うそうだ。

昨今《さっこん》の町の書店では、片《かた》づけや整理のノウハウを扱《あつか》った本が店の一画《いっかく》を占《し》めるようになり、雑誌《ざっし》の特集企画《きかく》も頻繁《ひんぱん》だ。かく言う私《わたし》も、家の整理・片《かた》づけに関する本を何冊《なんさつ》か持っている。整理整頓された家で気持よく暮らしたいという願望《がんぼう》は、誰《だれ》にもある。

私が結婚《けっこん》して最初に住んだのは横浜《よこはま》で、東急東横線沿線《とうきゅうとうよこせんえんせん》の菊名《きくな》という町だった。それからほぼ三年置きに、東京の原宿《はらじゅく》、世田谷《せたがや》、原宿と三回引《ひ》っ越《こ》しをした。が、その後は、約二十七年間、同じところに住んでいた。アパートやマンション暮らしの後、自分たちで家を建《た》て、そこが「終《つい》の棲家《すみか》だ」と思っていた。ところが人生には思いがけないことが起こる。生長《せいちょう》の家《いえ》の国際《こくさい》本部が〝森の中〟に移転《いてん》することになり、四回目の引っ越しをすることになった。

教団本部《きょうだんほんぶ》が移転《いてん》することに関しては、私《わたし》はその意味をよく理解《りかい》し、積極的に取り組んできた。ところが、自分が引《ひ》っ越《こ》しすることが現実《げんじつ》問題となってくると、私は頭を悩《なや》ませ始めた。原宿《はらじゅく》の自宅《じたく》を「終《つい》の棲家《すみか》」だと考えていた私は、古いものも含《ふく》めて、家の中に物をためてしまっていたからだ。

二回目に原宿に引っ越してきたとき、末っ子の娘《むすめ》は二歳《さい》だった。以来《いらい》、三人の子供《こども》の成長とともに、物はどんどん増《ふ》えていった。原宿の家は、夫《おっと》と間取《まど》りなどを考えて建てたので、納戸《なんど》も広く、収納《しゅうのう》スペースもたっぷりあった。それをいいことに、何《なん》でも詰《つ》め込《こ》んできた。そのへんの事情《じじょう》は、主婦《しゅふ》である私が一番よく知っていたから、引っ越しを考えた時《とき》、真《ま》っ先《さき》に頭に浮《う》かんだのは、家の中にある種々《しゅじゅ》の物のことだった。

私の知人の一人は、父親が仕事《しごと》でほぼ三年置きに転勤《てんきん》するので、幼《おさな》い頃《ころ》から

「物は増《ふ》やさないように」と言われてきたそうだ。が、私には、そんな配慮《はいりょ》は全《まった》くなかった。

もう独《ひと》り立《だ》ちした子ども三人の洋服や絵本は、使ってくれる人にほとんど譲《ゆず》っていたから、あまり多くは残っていない。けれども、学校時代の作文や日記、絵や工作品を初め、子供から保管《ほかん》を頼《たの》まれている玩具《がんぐ》などが沢山《たくさん》あった。古い洋服も、なるべく再利用《さいりよう》できるところに送ってきたが、全《すべ》てというわけにはいかなかった。

最も多く残っていたのが、本だった。その量は、仕事で本を多く買う夫さえも驚《おどろ》かせた。

夫の書斎《しょさい》には、壁《かべ》の一面に作り付けの大きな本箱があり、書斎から出た廊下《ろうか》の一辺《いっぺん》にも、床《ゆか》から天井《てんじょう》までの書棚《しょだな》があった。この書棚スペースの三分の二を、夫《おっと》の本が占《し》めた。ところが私《わたし》の場合、廊下《ろうか》の書棚《しょだな》の三分の一のスペースに加え、二重《にじゅう》のスライド式の本箱が三個《こ》あった。これらの本箱は、家の数カ所に分散していたから、私は自分の本の量をよく把握《はあく》していなかった。引《ひ》っ越《こ》し先の山梨《やまなし》県北杜市《けんほくとし》へ行き、荷物をほどいて本の整理をしてくれた夫は、こう言った、

「ぼくの本も数が多いと思っていたけど、あなたの本はもっとすごいね」

食器の数も多かった。

五人家族だったから、食器は必ず五個かそれ以上のセットを買ったからでもある。しかも、私は独身《どくしん》時代から食器好《ず》きだった。航空会社の客室乗務員《じょうむいん》として各地を訪《おとず》れた際《さい》、珍《めずら》しい食器をせっせと買った。加えて料理好《ず》きでもあるので、様々《さまざま》な料理に合うよう、食器の種類も増《ふ》えていった。調理器具も、中華《ちゅうか》のせいろからお菓子《かし》やパンの型まで、何《なん》でも揃《そろ》えた。

いざ引っ越しとなり、それらを前にしてよく考えてみると、もうこれは使わないと思うものや、他《ほか》のもので代用《だいよう》できる器具などが沢山《たくさん》ある。人間死ぬときにはこれら所持品《しょじひん》は全《すべ》て置いていくのだから、もっと身軽《みがる》にならなくては、と改《あらた》めて思った。

これから人生を切り開いていこうという若《わか》い人に、「死ぬ時《とき》」のことなど言ってもピンと来ないかもしれない。しかし、人間の体は死んで灰《はい》になるが、物は残るのである。その物品《ぶっぴん》の処理《しょり》は、後《あと》に残された人々の仕事《しごと》になる。死んでからも、人に迷惑《めいわく》をかけたくないと思うのだ。それに資源《しげん》のムダ使《づか》いは、地球温《おん》暖化《だんか》や資源の枯渇《こかつ》、気候《きこう》変動の原因《げんいん》となっている。

誤解《ごかい》のないように言えば、私も夫も決して浪費家《ろうひか》ではない。二人ともムダのない、堅実《けんじつ》な生活を心がけてきた。それなのに、気がつけば家の中には様々な物があふれていた。その原因《げんいん》の一端《いったん》は、「もったいない」という考え方にもあるかもしれない。高価《こうか》なものでなくても、「面白《おもしろ》いね」「いいね」という軽い気持で物を買えば、確実《かくじつ》に物は増《ふ》える。そして、「もったいない」と考えると、それらは捨《す》てられない。

しかし、整理されたすっきりした暮《く》らしというのは、気持いいものである。物が散らかり、雑然《ざつぜん》としているところでは、私《わたし》は気持が悪くて落ち着かない。「少ない物で、豊《ゆた》かに暮らす」というのが理想である。だから今、私は物を整理し、使えるものは使い、それ以外は人に譲《ゆず》ることを少しずつしている。物がないと、そこから工夫《くふう》が生まれる。お料理などはその最《さい》たるもので、全部材料をそろえて作るのもいいが、家にある材料だけで工夫して、美味《おい》しいものができた時《とき》の達成感《たっせいかん》には捨《す》てがたいものがある。家庭料理というものは本来《ほんらい》そういうもので、外食《がいしょく》や中食《なかしょく》が食品廃棄《はいき》の大きな原因になっていることを考えれば、工夫した家庭料理こそ、本当の意味で創造的《そうぞうてき》であり、倫理的《りんりてき》だといえる。それはまた、ものの命《いのち》を生かすことにもつながる。

四回目の引《ひ》っ越《こ》しを経験《けいけん》した私は、今しきりに身軽《みがる》に爽《さわ》やかに生きていきたいと思うのである。

経済発展《けいざいはってん》を超《こ》えて

山梨県北杜市《やまなしけんほくとし》の八ヶ岳山麓《やつがたけさんろく》に居《きょ》を移《うつ》してから早《は》や半年が過《す》ぎた。振《ふ》り返《かえ》ってみると、環境《かんきょう》の変化に適応《てきおう》しようと夢中《むちゅう》で過《す》ごした六カ月だった。残暑《ざんしょ》の九月末に東京から引《ひ》っ越《こ》したが、すでに秋の気配《けはい》は濃《こ》く木々《きぎ》の紅葉《こうよう》が始まっていた。それから十一月末まで、山が次々《つぎつぎ》に彩《いろど》りを深め、変化する豪華《ごうか》な秋を、身の周《まわ》り一杯《いっぱい》に満喫《まんきつ》した。

十一月半《なか》ばのある朝、起き出して外へ出たら十数センチもの霜柱《しもばしら》に驚《おどろ》き、厳《きび》しい冬を予感した。

十二月になると山々《やまやま》の紅葉はほぼ終わり、森が遠くまで見とおせるようになり、やがて一面の枯野《かれの》となった。黄色とピンクが混《ま》ざったようなカラマツの落葉が散《ち》り敷《し》く森は、むしろ清々《すがすが》しく、夜になると、その向こうから遠くの街《まち》の明かりが点々《てんてん》と見えた。

十二月初旬《しょじゅん》、例年になく早く雪が降《ふ》り、家の周りは眩《まぶ》しいばかりの銀世界となった。この地の雪の厳《きび》しさをよく知らなかった私《わたし》たちは、雪景色《ゆきげしき》の幻想的《げんそうてき》な美しさに目を奪《うば》われて、はしゃいでいた。が、それから波状的《はじょうてき》な降雪《こうせつ》に見舞《みま》われる。二週間に一回くらいの割合《わりあい》で積雪し、その雪が融《と》けたかと思うとまた積もるという状況《じょうきょう》が繰《く》り返《かえ》された。

私たちは、「雪の中で暮《く》らす」ということの大変さを理解《りかい》していった。朝起きると、まず雪掻《ゆきか》きである。屋根からの落雪《らくせつ》が玄関前《げんかんまえ》に立ちはだかっていて、それを除《のぞ》かねば何事《なにごと》も始まらないからだ。また、大切にしている庭木《にわき》なども雪の重さで倒《たお》れたり、枝《えだ》が折れないように養生《ようじょう》する必要がある。よく冷えた朝は、日中に融《と》け出《だ》した雪が再《ふたた》び凍《こお》るため、地面はスケートリンクのようにツルツルになる。特に、斜面《しゃめん》が凍ると歩くのも危険《きけん》で、滑《すべ》らないための靴《くつ》を履《は》くことはもちろん、細心《さいしん》の注意を払《はら》って歩かなくてはならない。積雪が深いと車での移《い》動《どう》も難《むずか》しく、大雪の場合は除雪《じょせつ》してもらわなければ、どこにも出かけられない。そんな状況《じょうきょう》を体験《たいけん》して、食糧《しょくりょう》の備蓄《びちく》も大切な仕事《しごと》になった。

そして二月十四日、観測《かんそく》史上かつてない記録的な大雪が山梨県《やまなしけん》を襲《おそ》った。積雪でドアが開かないなどの理由で、数日間、外出できない人も多く、県内では死者さえ出た。幸い私《わたし》たち生長《せいちょう》の家《いえ》の職員《しょくいん》は、お互《たが》いに助け合い、協力し合って除雪をし、それが終《お》わると周囲《しゅうい》の高齢者宅《こうれいしゃたく》などを除雪した。高齢化《こうれいか》と過疎化《かそか》が進むこの地だが、生長の家の職員には若《わか》い人も多いので、地元の雪掻きのため大《おお》いに活躍《かつやく》した。その後も数回の降雪《こうせつ》をへて、三月半《なか》ばには道路の雪もほとんど消え、四月には日陰《ひかげ》に残っていた雪も見ることはなくなった。

山地に遅《おそ》い桜《さくら》が咲《さ》いたのは四月末から五月初めだった。東京と比《くら》べると一カ月以上の差がある。山地の春は北国《きたぐに》と同じで、春の花々《はなばな》が一斉《いっせい》に咲きだす。そのさまは、厳《きび》しい冬を耐《た》えたものに精一杯《せいいっぱい》の褒美《ほうび》として与《あた》えられたかのようだ。

こうして私たちは、その時々《ときどき》の季節の変化を心と体でいっぱいに受け止めて暮《く》らした。東京での暮らしと何が違《ちが》うかといえば、相手にするのが「物」ではなく、「自然」だということだ。大きく変化する自然に対応《たいおう》するのが忙《いそが》しく、またうれしくもあり、選択肢《せんたくし》もあまりないので、生活は簡素《かんそ》になり、物への欲《よく》望《ぼう》が少なくなった。

特に、東京ではめったにない雪との関係では、予想外《よそうがい》の豊《ゆた》かな経験《けいけん》をした。北杜市《ほくとし》では、主要道路の除雪《じょせつ》は行政《ぎょうせい》がしても、そこから一本脇道《わきみち》へ入ると、市民が自力《じりき》でやらねばならない。だから、今回の大雪では、一般《いっぱん》道路を車が通れるようになるまで、数日かかった。そんな状態《じょうたい》の時《とき》、生長《せいちょう》の家《いえ》の職員《しょくいん》が、公共の施設《しせつ》や幼稚園《ようちえん》の除雪に、ボランティアとして活躍《かつやく》した。多くの人に喜ばれ、市営住宅《しえいじゅうたく》に住むお年寄《としよ》りの家を除雪した時は、夫人《ふじん》が涙《なみだ》を流して喜んでくれたそうだ。東京の生活では経験できそうもない人との心のつながりを通して、自分が存在《そんざい》することの意味などを深く考える機会《きかい》となったに違《ちが》いない。

私《わたし》の家でも雪掻《ゆきか》きをしてもらい、私はお礼にケーキを焼いてふるまった。そんな交流《こうりゅう》は、不便さあってのものだから、便利な都会生活では経験しにくい。

若《わか》い職員の人たちは、連日《れんじつ》の雪掻きで疲《つか》れているはずだが、雪焼けした顔は生き生きと輝《かがや》いていた。

今、世界では、人類の半分が都市に住んでいる。都市というものは、人間が暮《く》らしやすいように、自然を破壊《はかい》して作られた人工の空間だ。そこでは、人間に不快《ふかい》を感じさせるような「暑さ」や「寒さ」があってはいけない。必要なものは、すぐ手に入らなくてはいけない。真夜中《まよなか》でもタクシーが人を運んでくれる。こんな便利な環境《かんきょう》の中にいると、「人間は万能《ばんのう》である」という錯覚《さっかく》に陥《おちい》りやすい。そして、欲望《よくぼう》は限《かぎ》りなく広がっていく。

経済発展《けいざいはってん》は善《ぜん》であり、便利で快適《かいてき》で望むものは何《なん》でも手に入るのが進歩であり、人間の幸福であると産業革命以来《かくめいいらい》人類は信じてきた。西洋社会が進歩していて、その他《た》の地域《ちいき》は遅《おく》れているから、西洋的になるのが良いことであると思い、また思《おも》い込《こ》まされてきた。国際化《こくさいか》により、世界中でものが行《い》き交《か》い、一部の大企業の商品が世界を覆《おお》い、地域経済《ちいきけいざい》が打撃《だげき》を受け、消滅《しょうめつ》していったことはあまり問題にされなかった。「人間の幸せ＝経済発展《はってん》」という考え方をエンジンとして進んできた世界では、今や地球温暖化《おんだんか》や富《とみ》の偏在《へんざい》、飢餓《きが》などが解決不《かいけつふ》能《のう》と思われるほど拡大《かくだい》している。

人間の幸せは、厳《きび》しさを伴《ともな》う自然との密接《みっせつ》な関係の中で育《はぐく》まれ、広がる。自然とは「そのまま」という意味も含《ふく》む。生長《せいちょう》の家《いえ》では、私《わたし》たちの存在《そんざい》そのものが、外から何も加えなくてもすでに「そのまま」で豊《ゆた》かであり、そのことに気づくことが人間の幸せであると教える。

人は自然の大《おお》いなる恩恵《おんけい》によって命《いのち》を与《あた》えられていることを知り、自分の存在が人の役に立つ行動につながるとき、幸福感を味《あじ》わう。助け合い、与《あた》え合《あ》いの生活が、人間の本性《ほんせい》であることに多くの人が気づくとき、経済発展を超《こ》えた豊かな生き方が広がっていくだろう。

第5章★倫理的《りんりてき》に暮《く》らすこと

〝三《さん》ない生活〟のすすめ

「自然と共《とも》に生きる」

「自然との共生《きょうせい》」

——そんな言葉《ことば》を最近、よく目にする。地球温暖化《おんだんか》の問題が頻繁《ひんぱん》に取り上げられるようになり、その原因《げんいん》が、人間の自然への無理解《むりかい》にあるということが分かってきたからだろう。

かつて私《わたし》自身も、そんな言葉を聞いても、あまりピンと来なかった。人間を取《と》り巻《ま》く自然は存在《そんざい》していると知っていても、それが人間の生活に大きく影《えい》響《きょう》することを、あまり意識《いしき》していなかった。

私は幼《おさな》いころ三重県《みえけん》の伊勢《いせ》で育ち、川や森などで毎日、暗くなるのも忘《わす》れて遊んでいた。ところが、高校を卒業してからはずっと東京暮《ぐ》らしで、身近《みぢか》に自然を感じない日常《にちじょう》が当たり前になった。

都会に住む人間にとって、「自然」と言えば近くの公園や街路樹《がいろじゅ》、自宅《じたく》の庭くらいである。それらは良く整備《せいび》されていて、季節感や心の安らぎを感じることはある。けれども、そんな木々《きぎ》や花々《はなばな》が自分の生活と深く関《かか》わり、心の安定だけでなく人類の生存《せいぞん》にも影響《えいきょう》することなど、ほとんど考えなかった。それよりは、電車やバスが時間通りに運行し、道路が整備され、決まった日にゴミが収集《しゅうしゅう》され、郵便《ゆうびん》は配達《はいたつ》され、近くの商店がいつもの品を揃《そろ》え、営業《えいぎょう》時間を守っていることの方《ほう》が大切に思えた。

そんな私《わたし》も、自然と人間との関係を勉強するうちに、今の私たちの生き方が自然破壊《はかい》を拡大《かくだい》させていることを知った。「自然と共《とも》に生きる」ことが、現代《げんだい》人《じん》にはむずかしいという事実《じじつ》を理解《りかい》するようになったのだ。

考えてみれば、ほんの少し前——たぶん数十年前までは、人々は当たり前に自然と共に生きていた。薪《まき》で風呂《ふろ》を沸《わ》かし、部屋を暖《あたた》め、炭火《すみび》で料理し、出た灰《はい》は肥料《ひりょう》に使う。自分たちの排泄物《はいせつぶつ》も土にもどし、野菜《やさい》を育てた。人間は自然がなければ生きることができないことを、生活の中から実地《じっち》で学び、自然の恩《おん》恵《けい》に感謝《かんしゃ》していたし、自然を尊《とうと》び、その力を引き出して活《い》かそうとしていた。資源《しげん》は循環《じゅんかん》させ、ムダなく大切に扱《あつか》おうとしていたのだった。

しかし、技術《ぎじゅつ》社会の到来《とうらい》は目の前にあった。それが特に目覚《めざ》ましく発展《はってん》したのは、第二次世界大戦後《たいせんご》だ。世界的に技術革新《かくしん》と工業化が進み、生活のあらゆるものが工場から豊《ゆた》かに生産されるようになった。その反面、自然と密着《みっちゃく》した農業や漁業などが隅《すみ》の方《ほう》へ追いやられた。

だから多くの人々は、自然がなくても人間には豊かな生活ができるという錯《さっ》覚《かく》に陥《おちい》った。夏の暑さ、冬の寒さ、水不足も水の過剰《かじょう》も技術力で抑《おさ》え込《こ》み、南《なん》国《ごく》の産物、北国《きたぐに》の特産を温帯域《おんたいいき》でつくり、あるいは海外から輸入《ゆにゅう》し、食生活を豊かにしてきた。こうして、人間は「自然のまま」では豊かで快適《かいてき》な生活はできないと考えるようになり、自然を人間の〝敵対勢力《てきたいせいりょく》〟と見るようになったのだ。

今でこそ、人々は食物《しょくもつ》の自給率《じきゅうりつ》を問題にし、農林・水産資源の重要性《じゅうようせい》を意識《いしき》する。それでも意識するだけで、行動しない人がほとんどだ。自然の恩恵が人間にとって不可欠《ふかけつ》であることに、多くの人々はまだ気がついていない。もし気がついていたならば、地球温暖化《おんだんか》を抑制《よくせい》する取り組みはもっと真剣《しんけん》に検討《けんとう》され、もっと強力に実行されているはずだ。原子力《げんしりょく》発電所についても、フクシマ以後、直ちにすべてが停止されたに違《ちが》いない。けれども残念ながら、人間の幸福にとって第一のものは、物質的《ぶっしつてき》な豊《ゆた》かさや便利さだと考えている人が大多数だから、自然の恩恵《おんけい》や持続可能性《じぞくかのうせい》を重視《じゅうし》する政策《せいさく》は採《と》られてこなかったのだろう。

その一端《いったん》を示《しめ》す数字がある。「食料廃棄率《はいきりつ》」だ。日本を初め、アメリカやヨーロッパ諸国《しょこく》では、生産した食料品の三分の一から四分の一が棄《す》てられるというのだ。

先日、衛星《えいせい》放送のニュースで、フランスでの食品廃棄の現状《げんじょう》を伝えていた。実際《じっさい》のフランスの家庭を取材して、その家の冷蔵庫《れいぞうこ》の中身《なかみ》を紹介《しょうかい》した。ピザやジュース、チーズなどがたくさん入っていた。食品はスーパーで簡単《かんたん》に手に入るから、勢《いきお》いたくさん買《か》い込《こ》むのだろう。賞味期限《しょうみきげん》が切れたり、腐《くさ》りかけたりして、食べ切れずに捨《す》ててしまうことが多いという。

翌日《よくじつ》の同じ放送では、フランス人の約四五パーセントが自分を「貧困《ひんこん》」だと思っていると報告《ほうこく》していた。そして、こちらも同じように実際の“貧困者”が登場した。三十代の若《わか》い女性《じょせい》で、アパートで独《ひと》り暮《ぐ》らしの中、部屋には大型冷蔵庫があり、パソコンのスイッチは取材中ずっと入っている。そんな中で、彼女《かのじょ》は「収入《しゅうにゅう》が減《へ》り電気代が払《はら》えなくなり、ホームレスになるかもしれない」と涙《なみだ》ぐんだ。部屋には文明の利器《りき》がそろっていて、倹約《けんやく》や節約《せつやく》をしているように見えない。これが「貧困」かと不思議《ふしぎ》に思った。現在《げんざい》の先進諸国《せんしんしょこく》の貧困の多くは、ある程度《ていど》の豊かな生活をしながら、それを維持《いじ》できないことを言うようだった。言わば〝ぜいたくな貧困《ひんこん》〟に思えた。

私《わたし》自身豊《ゆた》かな時代に育ってきたから、以前《いぜん》は生活の一つ一つの無駄《むだ》についてあまり考えなかった。スーパーマーケットの棚《たな》には、世界中から来た色《いろ》とりどりの食品が並《なら》び、お金《かね》さえ出せば、選《よ》り取《ど》り見取《みど》りで手に入る。それらを買うとき、その一つ一つがどんな環境《かんきょう》で生産されたかなど、あまり考えなかった。食品に限《かぎ》らず、様々《さまざま》な生活用品、家具や衣類でも、「そこにあり、ほしいから買う」だけだった。しかし、これでは食品の無駄《むだ》だけでなく、劣悪《れつあく》な労働条《じょう》件《けん》で働かされている途上国《とじょうこく》の貧《まず》しい人々を助けられず、環境破壊《はかい》も止められないどころか、促進《そくしん》してしまうのである。

だから今、私は内容を調べ、生産地を見て、充分《じゅうぶん》考えてから、ものを買うようにしている。さらに「持《も》ち過《す》ぎない」「買い過ぎない」「捨《す》てない」という

〝三《さん》ない生活〟を心がけている。身の回りに物を多く貯《た》め込《こ》むこと、多く消費すること、多く捨てることで、すでに傷《いた》めつけられている自然は、さらに劣化《れっか》する。空気、水、太陽の恵《めぐ》みなどがなければ私たちは生きることができないという当たり前の現実《げんじつ》を謙虚《けんきょ》な心で認《みと》め、身近《みぢか》に与《あた》えられているものを感謝《かんしゃ》して大切に使おう。その中から自然の大《おお》いなる恩恵《おんけい》に目覚《めざ》め、自然と共《とも》に生きる心豊かな生活が始まるに違《ちが》いない。

人生は面白《おもしろ》い

東京の原宿《はらじゅく》から、八《や》ヶ《つ》岳《がたけ》南麓《なんろく》の北杜市《ほくとし》大泉町《おおいずみちょう》に引《ひ》っ越《こ》して、間《ま》もなく二年になる。環境《かんきょう》が大きく変わり、それに伴《ともな》い私《わたし》の日常《にちじょう》も変化することは、ある程《てい》度《ど》予想していた。けれども人生には、予測《よそく》できないことが起こるのもまた常《つね》だ。

夫《おっと》は原宿にいた頃《ころ》、毎日歩いて生長《せいちょう》の家《いえ》本部*1に通っていた。徒歩《とほ》十五分から二十分の距離《きょり》だ。大泉町の私たちの家は、標高《ひょうこう》一二五〇メートルくらいで、生長の家国際《こくさい》本部である森の中のオフィスまでは、歩くと四十〜五十分かかる。

*1　2013年9月に、山梨県北杜市へ移転するまで東京・原宿にあった生長の家本部会館のこと。

そこを夫は自転車で通勤《つうきん》すると引っ越し前から言っていた。坂の多い道で一部は舗装《ほそう》されていないので、そんなことができるのかと私は心配したが、夫は自転車通勤、いわゆる「ジテツー」をいそいそと始めた。

冬になると雪が降《ふ》り、さすがに自転車は無理なので、最初の年は私が電気自動車で夫をオフィスまで送った。二年目の冬である去年の暮《く》れからは、車での通勤は運動不足になるとの理由で、雪の中を歩いて出勤《しゅっきん》するようになった。ストックを手に通勤だ。今どきそんな原始的な通勤手段《しゅだん》を取る人はあまりいない。私も最初は往復《おうふく》一時間半以上もかけて、時間が無駄《むだ》になるようで、どういうつもりなのだろうと夫の気持を量《はか》りかねた。けれどもよく考えれば、都会では一時間、あるいはそれ以上電車に揺《ゆ》られて、通勤する人はざらだ。しかも殺人的な満員状態《じょうたい》である。それに比《くら》べれば、大自然の中を、新鮮《しんせん》な空気を吸《す》いながら、鳥の声や動物の鳴き声、風の響《ひび》き、木々《きぎ》の触《ふ》れ合《あ》う音などを聞きながら歩くのは、都会生活では決して味《あじ》わえないことで、自然との一体感や自然の豊《ゆた》かさを体感できるに違《ちが》いないと思うようになった。

一般《いっぱん》社会では、特に東日本大震災《ひがしにほんだいしんさい》の後《あと》、自転車が注目されるようになったそうだ。東京の交通機関が麻痺《まひ》した震災の日、多くの人が自宅《じたく》まで何時間《なんじかん》もの道のりをひたすら歩いた。自分達《たち》の生活が、ガラス細工《ざいく》のように脆《もろ》い基盤《きばん》の上に成り立っていることを、実感したからだろう。夫《おっと》が自転車に乗るようになって周《まわ》りを見回すと、自転車に乗っている人が多いのに気が付いた。

森の中のオフィスでは、秋に収穫祭《しゅうかくさい》を兼《か》ねたお祭りが計画されていた。「自然の恵《めぐ》みフェスタ」と題され、二〇一四年秋に一回目を開催《かいさい》したが、イベントの中に自転車競技《きょうぎ》である「ヒルクライム」を取り入れた。自転車で坂を上る競争だ。参加する人がいるのかと思ったが、小学生から七十歳《さい》近くまで女性《じょせい》も含《ふく》め、五十数人が参加して大変盛《も》り上《あ》がった。今では森の中のオフィス職員《しょくいん》の内、四十人前後が自転車通勤《つうきん》もしくは自転車愛好家《あいこうか》となっている。電気バス等《など》で通勤していた人たちだから、その変化は驚《おどろ》きだ。

生活を自分の体を使う方向に変化させた人がいる中で、私《わたし》はもっぱら車での移動《いどう》になった。そんな私に夫は、自転車を勧《すす》めてきた。苦行《くぎょう》のように坂道を登るのは、私の最も不得意《ふとくい》とするところだ。その上、自宅《じたく》は山の中で、一番近い買い物ができる甲斐大泉駅《かいおおいずみえき》周辺まで二〇〇メートルの標高差《ひょうこうさ》があるから、坂は避《さ》けられない。行きは良いが帰りはひたすらヒルクライムである。すると夫は「電動アシスト」にすればいいという。電動で坂を上るので、楽《らく》だというのだ。その話を聞いて、運動の必要性《ひつようせい》を感じていた私の心は少し動いた。

東京で子育ての一番忙《いそが》しかった時期、私は原宿《はらじゅく》や渋谷《しぶや》、青山《あおやま》周辺を自転車に乗って移動《いどう》していた。駐車場《ちゅうしゃじょう》の確保《かくほ》が難《むずか》しいので車は不便だし、歩いて移動する時間的余裕《よゆう》がなかったからだ。けれども下の娘《むすめ》が小学校に入ってからは、歩くようになった。幼稚園《ようちえん》の送《おく》り迎《むか》えが無くなり、時間的余裕ができたからだ。東京では毎日よく歩いていた。

夫《おっと》は小淵沢《こぶちざわ》のレジャー施設《しせつ》で、電動アシストの貸《か》し出《だ》しがあるので、一度試《ため》してみてはどうかという。五月の連休に電動アシストを試乗《しじょう》してみた。なるほど、坂道では少しは力を入れて漕《こ》がなくてはいけないが、想像《そうぞう》していたより強力だ。

「一緒《いっしょ》に山を走れば気持いいよ。買ってあげるよ」なかなかの殺《ころ》し文句《もんく》で、その気にさせる。このような経過《けいか》を経《へ》て、自転車屋さんでパンフレットをもらい、最新の電動自転車が五月末に届《とど》いた。我《わ》が家《や》の周辺は、舗装《ほそう》されていない砂利《じゃり》道《みち》で、がたがたの上《のぼ》りだ。乗り始めはフラフラして、本当に乗れるのか、話に乗って無謀《むぼう》なことを始めたのではないかと不安が過《よ》ぎる。何度《なんど》も足をついてようやく舗装道路に出ると、そこからはずっと下りで、快適《かいてき》この上ない。引《ひ》っ越《こ》し以来《いらい》、車でしか通ったことのない道を、自転車で走る。周《まわ》りの花や木、鳥の声がとても近い。びゅんびゅん怖《こわ》いくらいのスピードで降《お》りるので、ずっとゆるくブレーキをかけていた。県道《けんどう》に出るとすぐそばに職員《しょくいん》の家族寮《かぞくりょう》がある。いつも横目《よこめ》で見るだけだったが、自分で自転車に乗って来ることができたのがうれしくて、寮の敷地《しきち》に入ってみた。寮の住人も珍《めずら》しがり、少し自転車談義《だんぎ》をしてご近所との触《ふ》れ合《あ》いを楽しみ、いよいよ帰りはヒルクライムだ。覚悟《かくご》して登り始めたが、電動の力は強く、力を入れて少しは漕《こ》ぐ必要があるものの、それほどの負担《ふたん》無く、登りきることができた。

次の休日には夫《おっと》と二人、八ヶ岳《やつがたけ》高原ラインという観光道路を行った。平日《へいじつ》なので、車はたまにしか通らず、悠々《ゆうゆう》とした気分で自転車を走らせることができた。ミズの、小桜《こざくら》のような白い花が山を覆《おお》い、カッコウやウグイス、キセキレイ、アカハラなどの鳴き声が、様々《さまざま》な方向から聞こえてくる。小さな心のわずらいなど、吹《ふ》っ飛《と》んでしまう快適《かいてき》さだ。

都会の人ごみの中、買い物などを効率《こうりつ》よくこなすための手段《しゅだん》として、以前《いぜん》は自転車に乗っていた。森の中で乗る自転車は、車利用に慣《な》れきっている私《わたし》に、自然にじかに触《ふ》れることの価値《かち》を教えてくれ、その上かなりの距離《きょり》を走ることができ、移動《いどう》は車という固定観念《こていかんねん》を崩《くず》してくれた。自転車を楽しんでいる夫の気持がよく分かった。六十を過《す》ぎて、自転車で坂の上《のぼ》り下《お》りをして、買い物をするようになるとは、全《まった》く考えなかったことである。人生はだから面白《おもしろ》い。

不便な中の豊《ゆた》かさ

二〇一三年の九月末に山梨県北杜市《やまなしけんほくとし》に引《ひ》っ越《こ》して、一年数カ月が過《す》ぎた。ちょうど木々《きぎ》が紅葉《こうよう》しはじめた頃《ころ》の転居《てんきょ》だった。

結婚以来《けっこんいらい》初めての地方暮《ぐ》らしで、それも山の中だから、東京での生活に比《くら》べると不便なことが多いのは初めから予想していた。そのため、緊張感《きんちょうかん》を持って新しい土地への暮《く》らしに臨《のぞ》んだ。生長《せいちょう》の家《いえ》の講習会《こうしゅうかい》で、ほとんどの週末には全国各地に出かける私《わたし》の日常《にちじょう》のスケジュールは変わらないから尚更《なおさら》だった。

東京を中心にして日本国内の交通網《こうつうもう》は張《は》り巡《めぐ》らされている。転居に伴《ともな》い、北杜市から大半の講習会開催地《かいさいち》への移動《いどう》は、一度東京へ出てから行くことになった。JR中央線で小淵沢《こぶちざわ》から新宿までの二時間の行程《こうてい》が新たに加わった。帰りも講習会当日に自宅《じたく》に帰れることは少なく、東京に一泊《いっぱく》して帰途《きと》に就《つ》くことも多くなった。

引っ越して四日後に講習会に出かけ、その後毎週末講習会が続いた。そのような旅程《りょてい》が始まってみると、思いがけない良いこともあった。大変だと思っていた中央線での二時間が、動く書斎《しょさい》を持ったようで思いのほか有効《ゆうこう》な時間となったのだ。

その頃はまだ四方《しほう》を雄大《ゆうだい》な山に囲まれ、何処《どこ》を見ても森や田や畑の環境《かんきょう》での暮らしは、慣《な》れ親《した》しんだ東京の日常との落差《らくさ》が大きく、現実《げんじつ》のものとして受け止めるよりどこか夢見心地《ゆめみごこち》の旅人のような気分だった。けれども、いつか帰る旅人ではなく、実際《じっさい》にこの地に根を下《お》ろして暮《く》らしていかなくてはならないのだ。

「ここで満足して生きていけるのか？」

食料品の買い出しなどのため車を走らせながら、自分自身に問うていた。

そして今、一年が過《す》ぎてようやく客観的《きゃっかんてき》に物事《ものごと》が見えてきたように思う。森の中への移転《いてん》の意味や必要性《ひつようせい》は、頭ではよく理解《りかい》していた。けれども本当に適《てき》応《おう》して暮らしていけるかが自分でわかるには、ある程度《ていど》の時間の経過《けいか》が必要だ。昔《むかし》から「住めば都《みやこ》」といわれるように、人は土地になじめるものだし、環境《かんきょう》は変わっても、人の暮らしそのものにそれほど変化があるものではないという当たり前のことが理解できるようになった。幼《おさな》いころは別として、成人してからは都会暮《ぐ》らしの経験《けいけん》しかなかったので、田舎《いなか》に引《ひ》っ越《こ》すということを必要以上に大《おお》げさに考えていたようだ。

以前《いぜん》は東京という大都会の生活に執着《しゅうちゃく》していたが、森の中での暮らしが一年以上過ぎた今、私《わたし》の人生の幅《はば》を広げ、豊《ゆた》かにしてくれる掛《か》け替《が》えのない変化だったと、理屈《りくつ》ではなく実感として感じられるのはうれしい。現代《げんだい》はそれに加え、流通と通信技術《ぎじゅつ》の発達で地域差《ちいきさ》があまりない。情報《じょうほう》は世界中どこにいても同じように得ることができるし、物資《ぶっし》の調達《ちょうたつ》もそれほど不便ではない。新鮮《しんせん》な野菜《やさい》や日曜大工《だいく》用品、園芸《えんげい》用品などは、むしろ都会より田舎の方《ほう》が手に入れやすい。現代社会の経済的《けいざいてき》豊かさの恩恵《おんけい》である。

先進諸国《せんしんしょこく》においては、ある程度の豊かさは実現《じつげん》したと思うが、さらに人々を消費に駆《か》り立《た》て、経済発展《はってん》をしなければならないという呪縛《じゅばく》で社会は回っている。様々《さまざま》な情報《じょうほう》が行《い》き交《か》い、手を変え、品を変え、人の目を惹《ひ》きつけ、消費を促《うなが》そうとする。新しい店や流行などもすぐに知ることができ、何《なん》でも手に入《はい》り、便利である。都会も田舎《いなか》もあまり変わらない状態《じょうたい》だ。

それは良いことのように思えるが、なんでも手に入るということは、裏《うら》を返《かえ》せばただで手に入るわけではないから、お金《かね》がいる。お金がなければ欲《ほ》しいものは手に入らないのだ。そこで物質的《ぶっしつてき》な豊《ゆた》かさが人間の幸福につながるという考えに陥《おちい》りやすい。物質的豊かさが人間の幸福につながるという思いは、なかなか抜《ぬ》きがたいものがある。

けれども社会には違《ちが》う流れも確《たし》かに生まれつつあるようだ。大量生産、大量消費に疑問《ぎもん》を持つ人々の手作り志向《しこう》である。豊かな時代を生き、何でも手に入る環境《かんきょう》にいるからこそ、自分の手で作るもののかけがえのなさ、時間と手をかけたものの良さに気付き、大切にしようという動きだ。人々のそのような意識《いしき》の変化を知るととてもうれしく安心する。人間は本来《ほんらい》自分の手で何かを作ることに喜びを見出《みいだ》す存在《そんざい》だ。消費に振《ふ》り回《まわ》されず、自分の手で何かを作り、喜びを見出すことができたら、その人の生活は楽しいに違《ちが》いない。

田舎暮《いなかぐ》らしは、都会とあまり差がないと言ったが、やはり不便なことも多い。私《わたし》が東京で住んでいたのは原宿《はらじゅく》だったが、何かものが足りない、あるいは欲しいと思えばすぐ手に入った。十五分くらい歩けばデパートが三つもあったからだ。けれども北杜市《ほくとし》ではそうはいかない。何かが足りない、あるいは欲しいと思ってもすぐには手に入らない。だからそのような場合、あるもので工夫《くふう》し何《なん》とかしなければならない。そんな生活は不便で嫌《いや》だと思っていたが、実際《じっさい》はそうでもないのが不思議《ふしぎ》だ。

自分の頭と手を使い、家にあるものを工夫《くふう》して希望のものができた時《とき》の満足感は格別《かくべつ》だ。その上無駄《むだ》な出費《しゅっぴ》も抑《おさ》えられる。少し不便で足りない生活から人間の創意《そうい》工夫が生まれ潜在能力《せんざいのうりょく》が発揮《はっき》されるようだ。

私《わたし》の住んでいるところは山の中なので、木や植物や動物、山や空などの自然を相手に暮《く》らしている。車を走らせながら、木々《きぎ》の美しさに感動し、道路に突《とつ》然姿《ぜんすがた》を見せる動物の出現《しゅつげん》にワクワクし、澄《す》んだ青空や雄大《ゆうだい》な山の姿《すがた》に、心が洗《あら》われる。また裏山《うらやま》では、春は山菜《さんさい》、秋はアケビや栗《くり》の実《み》、キノコを見つけることも多い。そんな時は、自然の恩恵《おんけい》を無償《むしょう》の愛という形で与《あた》えられた喜びを感じる。

あまりにも便利で、豊《ゆた》かなものに囲まれていると、目に見えない恩恵を忘《わす》れて、自分の力で生きているように思ってしまう。人間の幸福とか豊かさというものは、何かを持つことによっては得られない。自分の中に本来《ほんらい》ある豊かさに気付くことだ。それとともに、自分が自分の力で生きているのではなく、目に見えない多くの恩恵によって、また多くの人の愛の心によって生かされていることを意識《いしき》して生活できることである。何処《どこ》にいてもそのような視点《してん》を大切にして、生きていきたいと思う。

いのちを養《やしな》う

自分の家の庭やベランダで、野菜《やさい》やハーブを育てるのは楽しいことだ。雑誌《ざっし》やテレビなどで、家庭菜園《さいえん》についてのコーナーや番組があるから、それなりの数の人が取り組んでいるのだろう。野菜はスーパーなどで買うのが一般的《いっぱんてき》で、種類も豊富《ほうふ》にあり、何時《いつ》でも手に入《はい》る。そんな生活が当たり前の現代《げんだい》であるが、あえてわざわざ自分で育てるには、それなりの理由がある。一つには、化学肥料《ひりょう》、農薬等《など》の危険《きけん》がないことだ。自分で育てる野菜に、農薬は使わず、家庭菜園で安心を求めるというのも大きな要素《ようそ》である。

かつての人々の暮《く》らしでは、自家用《じかよう》の野菜を作ることを多くの人がしていた。江戸《えど》時代、武士《ぶし》の家庭では、家の表には立派《りっぱ》な木を植《う》えても、裏庭《うらにわ》では野菜を育てていたという。実《み》のなる木を育てることも、家庭の主婦《しゅふ》が心を尽《つ》くしていた。まして下級《かきゅう》武士では、家庭菜園は欠かせないものだったらしい。

戦前《せんぜん》、戦中《せんちゅう》の日本では、深刻《しんこく》な冷害《れいがい》に何度《なんど》も見舞《みま》われ、飢餓《きが》で死者も出るような事態《じたい》があり、東北などでは家族を養うために娘《むすめ》が売られるということもあった。ところが戦後《せんご》の食糧危機《しょくりょうきき》の時代が過《す》ぎると、高度経済《こうどけいざい》成長とともに、農薬や化学肥料により食料の生産性《せいさんせい》が急速に伸展《しんてん》した。流通の発達もあり、苦労しなくても容易《ようい》に食料が手に入るようになった。都市生活者の増大《ぞうだい》も相まって、手間暇《てまひま》のかかる、家庭菜園などは顧《かえり》みられなくなっていった。けれども一《いっ》方《ぽう》で、日本の田舎《いなか》では、堅実《けんじつ》な人々が営々《えいえい》として、自家用《じかよう》の菜園《さいえん》を続けてきたのである。それは地方に行けばよく分かる。

今それが都会の人々の生活にも、広がりつつある。とはいえ、実際《じっさい》に都会では土地がないから、ミニトマトやハーブなど、狭《せま》い土地でも比較的簡単《ひかくてきかんたん》に作ることのできるものが好《この》まれているようだ。私《わたし》は花を育てるのが好きだが、野菜《やさい》作《づく》りにも精《せい》を出している。野菜やハーブには花とは違《ちが》う楽しみがある。実際に食べることができるので、大《おお》げさに言えばいのちを養《やしな》う実感が野菜作りからは得られるのだ。可能《かのう》ならば、自給《じきゅう》できるくらいの野菜を育てたいと思うが、そのためにはかなりの時間を費《つい》やさなくてはならない。だから今の我《わ》が家《や》では、食卓《しょくたく》を潤《うるお》す程度《ていど》であるが、それでも収穫《しゅうかく》した野菜が食卓に上るとうれしい。

朝、晴れた日には庭に出て、今日《きょう》は何ができているだろうかと畑を見回す。

たとえいちご一個《こ》でも、収穫するのは大きな喜びだ。その時一緒《ときいっしょ》に、その朝咲《さ》いた花の一輪《いちりん》も切って、卓上《たくじょう》の小さな花瓶《かびん》に挿《さ》す。こんなささやかなことが、私にとっては心弾《こころはず》む時間になっている。

現在《げんざい》の日本は、ほとんどの人が恵《めぐ》まれた食糧環境《しょくりょうかんきょう》にあるが、そんな中、子供《こども》の貧困《ひんこん》問題は、深刻《しんこく》な事態《じたい》になっている。また世界七四億《おく》の人類の中で、豊《ゆた》かに食べ物があるのは、二割《わり》の人だけだという現実《げんじつ》がある。残りの八割の人の内、飢餓《きが》に苦しむ人が約八億、七割の人が、飢《う》えるというほどではないが、充分《じゅうぶん》に食料があるわけではないのだ。これが世界の実情《じつじょう》だと知ると、私は愕然《がくぜん》とする。

国際化《こくさいか》の中で、日本は世界中から食料を買い集めている。特に肉食が環境や人に与《あた》える影響《えいきょう》は深刻で、飢餓に苦しむ人々の食料を間接的《かんせつてき》に奪《うば》っているのだ。

動物に穀物飼料《こくもつしりょう》を与《あた》えて行われる現代《げんだい》の食肉生産は、穀物を主食とする人間と競合《きょうごう》するのである。特に牛肉は飼料効率《こうりつ》が悪く、牛の肉を一キログラム太らせるために、七キロから一〇キロの穀物が必要だ。

地球の人口は二〇五〇年には九〇億《おく》になるといわれている。私《わたし》たちがこれからもこの地球で平和に共存《きょうそん》していこうと思うならば、肉食を減《へ》らしていかなければならない。豊《ゆた》かな人々が美味《おい》しいから、お金《かね》があるから、食べたいからという理由で、欲望《よくぼう》に任《まか》せた生活を続けると、世界の不平等《ふびょうどう》はさらに拡大《かくだい》し、憎《にく》しみや憎悪《ぞうお》を産み、奪《うば》い合《あ》いの世界からやがて戦争へと進んでいくことにもなる。

また食肉産業から排出《はいしゅつ》される膨大《ぼうだい》な量の温室効果《こうか》ガスは、地球温暖化《おんだんか》による気候《きこう》変動をもたらす。気候変動は、私たちの平安な日常《にちじょう》を破壊《はかい》し、食物《しょくもつ》生産にも大きな弊害《へいがい》になる。肉食をすることは、自分で自分の首を絞《し》めるような事態《じたい》を招《まね》くことなのだ。

日本ではあまり知られていないが、自然農法の提唱者《ていしょうしゃ》に、福岡正信《ふくおかまさのぶ》さんがいる。二〇〇八年に亡《な》くなったが、愛媛県《えひめけん》に福岡さんの遺志《いし》を継《つ》いだ福岡農園があり、世界中から若者《わかもの》が農業を学びに来ているということだ。福岡さんの著書《ちょしょ》に『自然農法　わら一本の革命《かくめい》』（春秋社刊《しゅんじゅうしゃかん》）がある。この中で、福岡さんが提唱している考え方に、私は深く共感した。日本人全員が農業することを勧《すす》めているのだ。国土《こくど》の七〇パーセント近くが森林の日本は耕作《こうさく》できる土地が少ない。それでも、日本の全耕作地《ぜんこうさくち》を人口で割《わ》ると、一人一反《たん》になるという。一反は三〇〇坪《つぼ》だ。

この本が書かれたのは、今から三十年以上も前のことであるが、その後増《ふ》えた人口は現在減少傾向《げんざいげんしょうけいこう》にあるから、大《おお》まかには数字にそれほど差はないと思う。五人家族なら五反《たん》ということになり、一五〇〇坪《つぼ》だから現実的《げんじつてき》ではない。けれども、全《すべ》ての国民が何《なん》らかの形で家庭菜園《さいえん》であれ、本格的《ほんかくてき》な農業であれ、作物《さくもつ》を育てることに関《かか》わるというのは、革新的《かくしんてき》な考え方で、人類の平和な未来《みらい》の創造《そうぞう》に寄与《きよ》するものだ。手間のかからない自然農法で休日のレジャーとして耕作《こうさく》をし、生活の基盤《きばん》を作り、後《あと》は好きなことをやればよいというのである。野菜《やさい》やコメを育てれば、外国からの大量な食料の輸入《ゆにゅう》に頼《たよ》らなくても自給《じきゅう》できる。現状《げんじょう》から考えれば夢《ゆめ》のような話であるが、その方向に人々の意識《いしき》が変われば、バラ色の世界が訪《おとず》れるのも夢ではない。

人はものを食べて生きる存在《そんざい》だ。安定的に食料を確保《かくほ》できることが、日常《にちじょう》の平安をもたらし、豊《ゆた》かな文化を産み、平和な世界の実現《じつげん》につながる。自分の家庭だけ、自分の国だけの平安というものは本来《ほんらい》ない。

自《みずか》ら作物を育てることで、真《ま》っ直《す》ぐなきゅうりや虫が食べた跡《あと》のない青菜《あおな》の不自然さを知る。自然の大《おお》いなる恵《めぐ》みに生かされていることも実感する。そして小さな種《たね》から、色や形の様々《さまざま》な野菜が育つ過程《かてい》を経験《けいけん》すると、いのちの不思《ふし》議《ぎ》さに謙虚《けんきょ》な気持になるのだ。

倫理的《りんりてき》に食べる

読者は「脱脂粉乳《だっしふんにゅう》」という言葉《ことば》をご存知《ぞんじ》だろうか？　現在《げんざい》は「スキムミルク」とも呼《よ》ばれていて料理の材料として売られている。が、私《わたし》が子供《こども》の頃《ころ》は、これを水に溶《と》かして作ったミルクが学校給食に出て、閉口《へいこう》した。今のものより質《しつ》が劣《おと》っていたに違《ちが》いない。

現在の若者《わかもの》には想像《そうぞう》できないだろうが、太平洋戦争後《ご》の日本は極端《きょくたん》な食糧《しょくりょう》不足で、日本人全体の栄養状態《じょうたい》が悪く、中には栄養失調《しっちょう》で亡《な》くなる人もいた。

当時の日本は、アメリカやユニセフから食料援助《えんじょ》を受けたのである。その中に、脱脂粉乳もあったのだろう。

私が小学校に入学したのは昭和《しょうわ》三十三年で、脱脂粉乳がきらいだった私は、いつも鼻をつまみたい気持で無理に飲んでいた。主食は食パンかコッペパンで量が多く、残して家に持ち帰った記憶《きおく》がある。今の学校給食では、ご飯が出ることも多いが、当時はパンだけで、残すと持って帰らなければいけなかった。おかずは大なべで大量に作るからかもしれないが、焦《こ》げた部分が入っていることもあり、おいしかった思い出は少ない。

学校給食制度《せいど》は、戦後《せんご》、児童への安定的な食事の提供《ていきょう》を目的として始まった。それまでの日本人の食事は野菜《やさい》が中心で、肉類や乳製品《にゅうせいひん》はほとんど摂《と》らなかった。そのため、西洋人と比《くら》べると、背《せ》が低く、細身《ほそみ》だった。戦後は、そのような肉体的不足を克服《こくふく》しようと、肉食や乳製品《にゅうせいひん》の摂取《せっしゅ》が国の政策《せいさく》として奨励《しょうれい》された。家庭でも食事の西洋化が進んだ。淡白《たんぱく》な日本食から、脂分《あぶらぶん》の多い肉類中心のものへ変化したのである。背後《はいご》には、日本人の食生活を変えることで、アメリカの農産物の日本への輸出《ゆしゅつ》を増やしたい米政府《べいせいふ》の思惑《おもわく》もあった。

そのおかげで日本人の体格《たいかく》は向上《こうじょう》した。身長が伸《の》び、やせぎすの人は少なくなった。しかし今や「飽食《ほうしょく》」と言われるほどになり、肥満《ひまん》や各種《かくしゅ》の生活習慣《しゅうかん》病《びょう》が問題になっている。日本だけでなく、世界中で糖分《とうぶん》や脂質《ししつ》の摂《と》り過《す》ぎによる健康被害《ひがい》は、医療費《いりょうひ》の膨張《ぼうちょう》を生み、国家の財政状態《ざいせいじょうたい》にまで悪影響《あくえいきょう》を及《およ》ぼしているほどだ。

世界の豊《ゆた》かな国や豊かな人々が栄養の摂り過ぎによる病気で支障《ししょう》をきたしているだけでなく、貧《まず》しい人々も、安くて糖分やカロリーの多いものをとることが多いので、健康に問題を抱《かか》えている。このような偏《かたよ》った食習慣《しょくしゅうかん》がある一方《いっぽう》で、世界の九人に一人が飢餓《きが》で苦しんでいる。

飢餓の問題と密接《みっせつ》に関係しているのが、増《ふ》え続《つづ》ける肉食だ。「肉食は栄養価《えいようか》が高い」として奨励されてきたし、肉を好《この》む人も多い。けれども動物の放牧《ほうぼく》や飼料栽培《しりょうさいばい》のために森林が伐採《ばっさい》され、飼育《しいく》による土壌汚染《どじょうおせん》やし尿処理《にょうしょり》の問題は深《しん》刻化《こくか》している。また、無視《むし》できないのは、牛など複数《ふくすう》の胃をもっている動物が出す大量のゲップ（メタンガス）だ。メタンは、二酸化炭素《にさんかたんそ》の二十五倍もの温室効果《こうか》をもっているから、地球温暖化《おんだんか》を促進《そくしん》する。

さらに、家畜《かちく》の屠殺《とさつ》と解体現場《かいたいげんば》が一般《いっぱん》の人の目から隠《かく》されていることも問題である。工業生産のように自動化した食肉処理《しょり》と、それを消費者の目から隠すやり方は、人間を命《いのち》の営《いとな》みから引《ひ》き離《はな》すだけでなく、自分が口にするものが、哺乳《ほにゅう》動物として実《じつ》は〝同類《どうるい》〟であることを忘《わす》れさせ、倫理観《りんりかん》を麻痺《まひ》させる。それがまた、肉食促進《そくしん》に一役《ひとやく》買っているのである。

このようにして大量に生産された肉類は、ブラジル、アメリカ、オーストラリアなどの遠方《えんぽう》から世界中に供給《きょうきゅう》されている。野菜《やさい》や果物《くだもの》、穀物《こくもつ》、乳製品《にゅうせいひん》も似《に》たような状況《じょうきょう》だ。今の世界の食料供給システムは、こうして地球温暖化《おんだんか》を大《おお》いに促進しているのである。

私《わたし》たちの前にはモノがあふれ一見《いっけん》、恵《めぐ》まれた〝豊《ゆた》かな環境《かんきょう》〟のように見える。が、背後《はいご》にはこのように多くの問題を抱《かか》えていて、自然界の生産性《せいさんせい》にダメージを与《あた》え続《つづ》けているのである。

しかし、ありがたいことに、これらの問題を解決《かいけつ》に向かわせようとする動きも、世界では起こっている。日本でも菜食《さいしょく》や伝統食《でんとうしょく》の見直しが各方面から訴《うった》えられ、「地産地消《ちさんちしょう》は良い」という意識《いしき》も浸透《しんとう》しつつあり、有機栽培《ゆうきさいばい》への関心が強まっている。

私たちの日々の活動は、食べものを体内に取《と》り込《こ》むことによって可能《かのう》となる。この単純《たんじゅん》な事実《じじつ》が、案外《あんがい》忘《わす》れられている。食物がなければ、人間はすぐに動けなくなり、やがて死んでしまう。食料が簡単《かんたん》には手に入らず、飢餓《きが》の危機《きき》に直面した人間にはそのことが分かるが、いつでも簡単に食料を入手できる状況にあると、この事実を見過《みす》ごしてしまう。人間は他《た》の動植物に支《ささ》えられて命《いのち》を保《たも》っているのである。そのことを常《つね》に意識《いしき》していれば、人間が自然の一部であり、他《た》の動物を大量に殺したり自然破壊《はかい》をすることは、自分の命を破壊することに繋《つな》がるということも忘れないだろう。

私自身は、十年以上前に哺乳動物の肉を食べるのをやめた。理由は、ここに書いたような数々《かずかず》の肉食の弊害《へいがい》を知ったからだ。もともと肉が嫌《きら》いだったわけではない。生まれたのは、松阪牛《まつさかうし》の産地である三重県《みえけん》の伊勢《いせ》だから、小さい頃《ころ》は牛肉のすき焼きやステーキを、晴れの日のご馳走《ちそう》としておいしくいただいた。

そんな私《わたし》だったが、今では肉を食べたいと思うことはない。スーパーなどで肉を見ると、かえっていけないものを見たような感覚さえ覚《おぼ》える。人間は、教育によってこのように変わるものだ。

倫理的《りんりてき》な食生活を送ることは、何か特別な人にしかできない、一種《いっしゅ》の贅沢《ぜいたく》だと思う人がいるかもしれない。けれども今は、この地球でこれからも生きて行こうと思うならば、全《すべ》ての人がしなければいけないことなのである。

私自身にしても、肉食をしないことや環境《かんきょう》に配慮《はいりょ》して生きることは、結果《けっか》として自分の生活の快適《かいてき》さや幸せにつながっていると信じている。人や社会のために良い行動は、自分自身にも良いことだからだ。

人間の精神《せいしん》や肉体、取《と》り巻《ま》く環境、これらの切《き》り離《はな》すことができない密接《みっせつ》な関係を学ぶことによって、どうあれば、快適で幸せな生活ができるかを知ることができる。それは人間が環境から孤立《こりつ》して生きているのではなく、全てのものと一体で全てのものの恩恵《おんけい》によって生かされている存在《そんざい》だからだ。

正しく知り、知識《ちしき》を積み重ねていくことによって、誰《だれ》でもが倫理的に正しい生活ができるだろう。

先生の塩《しお》むすび

山梨県北杜市《やまなしけんほくとし》に住むようになって、三年目に入った年の秋、夫《おっと》と初めて干《ほ》し柿《がき》を作った。山梨県は、ころ柿《がき》と呼《よ》ばれる大きな干し柿が名産で、一般《いっぱん》家庭でも干し柿を作っている家は多い。住宅《じゅうたく》の庭に柿《かき》の木がある家もよく見る。

スーパーや産直市場《さんちょくいちば》には季節になると、干し柿用の柿の箱売りが並《なら》ぶ。箱を見ると「干し柿の季節になりましたよ。作りましょ」と急《せ》かされているようで、毎年気になっていた。作ってみたい願望《がんぼう》はあったが、秋はとりわけ多忙《たぼう》な季節で、干し柿まではなかなか手が回らないのが実情《じつじょう》だった。今年も市場の柿を横目《よこめ》で見ながら、無理だと諦《あきら》めていた。そんな中、十一月の後半少し時間の余裕《よゆう》ができ、夫から「干し柿作ろうか?」と提案《ていあん》があった。

夫は元々《もともと》、自分の手で何かを作ることが好きで、干し柿もずっと作りたいと思っていたようだ。けれどもそんな時間は取れず、「あなた作ってよ」などと私《わたし》に言っていた。私自身も、干し柿作《づく》りは初心者《しょしんしゃ》で、時間に余裕があるわけでもなかった。

そんな状況《じょうきょう》を打破《だは》する夫の一言《ひとこと》だったから、私はすぐに同意《どうい》した。百目柿《ひゃくめがき》という大きな柿の皮をむいて、タコ糸で縛《しば》り、南側《みなみがわ》の日の良く当たる場所に吊《つ》るした。後《あと》は太陽と風、時間が干し柿を作ってくれるから、人間がするのはそれだけだ。二人ですれば思いのほか簡単《かんたん》で、大仕事《おおしごと》のように構《かま》えていたが、来年からはもっと気軽《きがる》にできそうだ。大きい柿《かき》だから、食べられるまでには二カ月くらいかかるだろうと、年明けの完成を予想して作業した。吊《つ》るされた柿は少しだが、やり終《お》えた満足感があった。

家の菜園《さいえん》にも、秋には大根《だいこん》が十本くらいできた。前年は沢山《たくさん》作りすぎたので、自分たちが食べ切れる分だけと、少なめに植《う》えたのだ。大根は比較的《ひかくてき》作りやすく、大きくなったものから順番にいただいた。最後の三本になったころ、霜《しも》が降《お》りて朝の気温が氷点下《ひょうてんか》になっていた。早く収穫《しゅうかく》しないとトウがたって硬《かた》くなってしまうかも知れないと思い、三本一緒《いっしょ》に抜《ぬ》いた。青々《あおあお》とした葉《は》っぱととにきれいに洗《あら》い上《あ》げたが、夫《おっと》と二人では食べ切れない量を前にして、どうしたものかと思案《しあん》した。葉の方《ほう》は茹《ゆ》でて細かく刻《きざ》み、冷凍《れいとう》にするのはいつも通りだが、本体《ほんたい》は切干大根《きりぼしだいこん》にしてみようと思った。

細く切ったものをざるなどに並《なら》べ、天日干《てんぴぼ》しすればいいだけだと知り、それならば作ってみようと心が動いた。家には、青い網《あみ》でできた三段《だん》の干《ほ》し網《あみ》があり、キノコなどを干したことがある。昼間は外に出し日に当て、夜は家に取《と》り込《こ》むだけで、からからに乾《かわ》いた切干大根が一週間くらいでできた。

昔《むかし》から人々が厳《きび》しい冬を乗り切るためにしてきた、物を大切に生かして使う工夫《くふう》の一端《いったん》を自《みずか》ら実践《じっせん》したことで、私《わたし》の興味《きょうみ》は様々《さまざま》な方向に広がっていった。私たちの現在《げんざい》の暮《く》らしは、保存食《ほぞんしょく》を色々《いろいろ》作らなくても、何《なん》でも豊《ゆた》かに手に入り、寒い季節に食べるものがなくて困《こま》るということはない。科学技術《ぎじゅつ》の進歩がもたらした豊かさである。

私の住む町には、昔の暮らしを学ぶための施設《しせつ》が役所のそばにある。茅葺《かやぶき》の日本家屋《かおく》で、その横を時々《ときどき》通ることがある。保存食のことをあれこれ考えていた時期、茅葺《かやぶき》の家に収穫物《しゅうかくぶつ》が干《ほ》してあるのに気が付いた。車を止めてよく見ると、軒下《のきした》には玉ねぎとトウモロコシが吊《つ》るされ、縁側《えんがわ》の前の地面には、大豆《だいず》が苗《なえ》ごと並《なら》べてあった。燃料《ねんりょう》にするのか、日干《ひぼ》し煉瓦《れんが》のようなものも置いてある。トウモロコシは、鳥に食べられて実《み》が無くなっているのもあった。収穫物を乾《かん》燥《そう》させて、冬の食料にした生活が偲《しの》ばれた。もし天候《てんこう》などの影響《えいきょう》で、実《みの》りが少なければ、それは死活《しかつ》問題であっただろうと、胸《むね》を突《つ》かれたようにハッとした。

ほんの数十年前までの日本では、ほとんどの地方でスーパーもなければ、コンビニもなく、外国からの食料も今ほど入ってこなかった。大きな都市は例外として、人々の暮《く》らしは、地産地消《ちさんちしょう》、自給自足《じきゅうじそく》を基本《きほん》とした。だから手に入るものをいかに大切に無駄《むだ》なく使うかに、知恵《ちえ》を絞《しぼ》ったに違《ちが》いない。春の山菜《さんさい》、夏の畑からの恵《めぐ》み、秋の収穫物やキノコ、木の実、果物《くだもの》などが、大切に保存《ほぞん》されていたのだろう。そんな暮らしが明らかに変化してきたのは、一九六〇年代からという。高度経済成長《こうどけいざいせいちょう》に向かい、日本経済は上昇《じょうしょう》の一途《いっと》をたどり始めていた時期だ。

私《わたし》はまさにそのころ、小学生だった。六年生の時《とき》、東京オリンピックがあり、中学校からはオリンピック見学に行けたので、とても残念に思った。社会はどんどん豊《ゆた》かになり、食卓《しょくたく》も様々《さまざま》な食品が並《なら》ぶようになった。そんな中で、忘《わす》れられない光景がある。五年生の時の遠足で、担任《たんにん》の先生のお弁当《べんとう》が、おむすびだけだった。それも海苔《のり》のついていない塩《しお》むすびである。普段《ふだん》は給食なので、遠足のお弁当は揚《あ》げ物《もの》や甘《あま》い卵焼《たまごや》きなど、親は子供《こども》の喜ぶごちそうを入れてくれる。遠足のお弁当は、そういうものだと思っていた私は、先生のおむすびを見て、どうしたのかと気の毒に思った。だから今でもよく覚《おぼ》えている。

その先生は、私《わたし》の母の女学校《じょがっこう》の先輩《せんぱい》で、夫《おっと》を亡《な》くしていたが大学生の二人の息子《むすこ》がいた。私に読書の大切さ、楽しさを教えてくれた先生だ。遠足の日の朝、先生は時間がなくて、塩《しお》むすびのお弁当《べんとう》になったのかもしれないと、ずっと思っていた。けれども最近になって、もっと違《ちが》う理由があったのではないかと思うようになった。

八ヶ岳南麓《やつがたけなんろく》にある生長《せいちょう》の家《いえ》の〝森の中のオフィス〟では、一カ月に一度、ごはんとお味噌汁《みそしる》だけの昼食をいただく。*1 日本に住む私たちは、豊《ゆた》かに食べ物があるのが当たり前の生活をしているが、世界には飢餓《きが》に苦しむ人が八億人《おくにん》近くいる。しかしそれを身近《みぢか》なこととして感じるのは難《むずか》しく、ほとんど不可能《ふかのう》だ。そのため月に一回、自分の恵《めぐ》まれた環境《かんきょう》に感謝《かんしゃ》し、飢餓に苦しむ人たちに思いを寄《よ》せようと始められた。活動には、その日一日だけではなく、普段《ふだん》の暮《く》らし

＊1　「一汁一飯《いちじゅういっぱん》」として、生長の家国際本部だけでなく、国内外の布教拠点などでも実施されている。

の中で、ものの命《いのち》を生かし、人に与《あた》える生活をしようとの願いが込《こ》められている。

私の小学校のクラスには、貧《まず》しい家庭の子供《こども》もいたに違いない。先生の塩むすびは、そんな子供への配慮《はいりょ》ではなかったかと、今頃《いまごろ》になって私は思うのだ。

初出一覧

第1章　生きること

「喜びを選ぶ」生き方（『日時計24』二〇一三年四月号）
人はなぜ生きる（『日時計24』二〇一一年七月号）
ただひとりのあなた（『日時計24』二〇一五年三月号）
生かされている私たち（『日時計24』二〇一五年八月号）
可能性を信じること（『日時計24』二〇一〇年五月号）
「ただ与える」こと（『日時計24』二〇一三年十月号）

第2章　大切なこと

笑顔で「おはよう」（『日時計24』二〇一二年五月号）
朝五時に起きる（『日時計24』二〇一三年一月号）
光は流れる（『理想世界』二〇〇九年四月号）
知ることの大切さ（『日時計24』二〇一一年六月号）
命の〝土台〟を見つめる（『日時計24』二〇一一年八月号）
多角的な視点をもとう（『理想世界』二〇一〇年二月号）

第3章　結婚のこと

伴侶は必ずいる『日時計24』二〇一六年十月号）
手づくりの結婚（『日時計24』二〇一二年二月号）
二人の作品（『理想世界』二〇〇九年六月号）
幸せな結婚生活（『理想世界』二〇〇九年十二月号）

第4章　新しい文明のこと

太陽を仰ぐ（『日時計24』二〇一〇年九月号）
世界を変えるもの（『理想世界』二〇〇八年三月号）
若者の〝明るい兆し〟（『日時計24』二〇一三年八月号）
少なく、豊かに暮らす（『日時計24』二〇一三年十

一月号）
経済発展を超えて（『日時計24』二〇一四年八月号）

第5章　倫理的に暮らすこと

〝三ない生活〟の勧め（『日時計24』二〇一三年三月号）
人生は面白い（『日時計24』二〇一五年九月号）
不便な中の豊かさ（『日時計24』二〇一五年一月号）
いのちを養う（『日時計24』二〇一六年九月号）
倫理的に食べる（『日時計24』二〇一二年十月号）
先生の塩むすび（『日時計24』二〇一六年三月号）

参考文献

西尾実・安良岡康作（校注）『新訂 徒然草』（岩波文庫、一九八五年）
山口絵理子著『裸でも生きる――25歳女性起業家の号泣戦記』（講談社、二〇〇七年）
青木新門著『定本納棺夫日記』（桂書房、二〇〇七年）
井村和清著『飛鳥へ、そしてまだ見ぬ子へ――若き医師が死の直前まで綴った愛の手記』（祥伝社、二〇〇五年）
Shel Silverstein, *The Giving Tree* (Harper & Row, 1964)
L・M・モンゴメリー著、掛川恭子訳『赤毛のアン』（講談社文庫、二〇〇五年）
茂木健一郎著『「赤毛のアン」に学ぶ幸福《しあわせ》になる方法』（講談社文庫、二〇〇八年）
イアン・スティーヴンソン著、笠原敏雄訳『前世を記憶する子どもたち』（日本教文社、一九九〇年）
福岡正信著『自然農法 わら一本の革命』（春秋社、二〇〇四年）

この星《ほし》で生《い》きる

2017年４月１日　　初版第１刷発行
2018年９月５日　　初版第３刷発行

著　者　谷口純子《たにぐちじゅんこ》
発行者　磯部和男
発行所　宗教法人「生長の家」
山梨県北杜市大泉町西井出8240番地2103
電　話（0551）45-7777　http://www.jp.seicho-no-ie.org/
発売元　株式会社　日本教文社
東京都港区赤坂９丁目６番44号
電　話（03）3401-9111
ＦＡＸ（03）3401-9139
頒布所　一般財団法人　世界聖典普及協会
東京都港区赤坂９丁目６番33号
電　話（03）3403-1501
ＦＡＸ（03）3403-8439
印刷・製本　東港出版印刷株式会社

本書（本文）の紙は、山梨県有林の木材を使用した「やまなし森の印刷紙」を使用しています。

落丁・乱丁本はお取替えします。
定価はカバーに表示してあります。

ISBN978-4-531-05270-7